중·고급

중중빠
중국어 회화
汉语自由会话 (中高级)

메이킹북스

前 言

　　我们在江原大学孔子学院汉语自由讨论课3年教学实践的基础上，通过对目前韩国广泛使用的汉语教材的分析，对每一位使用过本教学材料的学员进行一对一的访谈，经过反复修改，最终完成了本教材。

一、编写目标
　　为了给韩国中高级汉语学习者提供一本能满足学习者的学习需求、学后确有收获的汉语讨论课教材。

二、编写原则
1. **教学对象的针对性**。教学材料及词汇的难度针对汉语水平达到HSK5级的韩国汉语学习者而选择，满足在韩中高级汉语口语课的需求，弥补非中国当地学习汉语口语的局限。
2. **课文主题的趣味性**。课文主题的选取符合学习者的学习需求。我们确定的10个主题，都是在对学员的调查问卷中，对主题的兴趣度、交际性、共鸣度以及词语的使用频率等方面综合指数排在前10位的话题，并根据难易度由低到高进行排序。
3. **文化背景的现实性**。在韩的汉语学习者，对中国文化的感知和中韩文化的比较缺少"当时当地"的感受，因此，本教材注重以中国当代真实的社会生活为基础，从中韩文化的相似点和差异点入手，编写例句和文化项目，以引起学习者对当下中国文化产生共鸣，并引导他们进行中韩文化比较和客观评论。
4. **课程设置的实用性**。本教材适用于韩国所有汉语学院10周左右的教学班使用，每周4学时，共40学时。内容的编排也易于教师根据具体课时计划进行调整。
5. **体例设计的多样性**。为满足韩国中高级汉语学习者对语言和文化的双重学习需求，除了汉语语言知识的学习和语言交际技能的培养以外，还针对学习者文化学习需求的特点，设置了俗语解说、古诗鉴赏、歌曲欣赏和中国文化介绍等板块，以满足学习者的多元需求。
6. **难易度的可调整性**。本教材既适用于教师进行课堂教学，也便于中高级汉语学习者自学使用，在词语、例句、古诗鉴赏、中国文化介绍等项目都配有韩文译文，以此来调节课堂教学的节奏和自学的难易度。

三、编写体例
　　本教材共10课，主题包括：食文化、酒文化、时间观念、季节、自然山水、家庭生活、性格、婚姻、子女教育、理想等，每课内容包括：
1. 聊一聊：通过与本课主题相关的2个简单的热身问题，配以图片，激活学习者头脑中的语义地图，以便提高学习者的**话题交际兴趣**。
2. 学一学：选择主题相关的15个常用词语，并分别给出典型语境下的两个例句，以提高学习者的**言语理解能力**，扩大词汇量。同时选取其中的10个词语，分两组进行限定性话题讨论，以提高学习者学后即用、学即会用的**语言使用能力**。

3. 谈一谈：关于本课主题的5个常用语，包括俗语、谚语和最近的流行语等，并从中选取一个谈一谈，以便提高学生的**成段表达能力**。

4. 唱一唱：介绍一首最近流行的与本课主题相关的汉语歌曲，进一步提高学生的学习兴趣，提高**用汉语进行交际的自信心和表现欲**。

5. 读一读：介绍一篇与本课主题相关的使用率最高的古诗，诗文的含义、创作背景、作者简介等，并结合古诗比较中韩文化的差异，以便提高学生的**文化理解能力和文化比较能力**。

6. 练一练：包括词语连线、词语填空、常用语填空等练习题，巩固本课所学词语，并进一步进行话题讨论，以提高学生语言和文化相结合的**综合论说能力**。

7. 看一看：中国文化面面观。注重本课所学词语的复现率，立足中国老百姓的日常生活，力求内容具有客观性、真实性、时效性和普遍性，以**吸引学习者走进中国亲自去看一看**。

8. 改一改：选取学习者作业中带有典型偏误的部分，教师在原本上进行修改，并展示修改本。以便学习者及时**了解偏误**之处并加以修正，同时，提示其他学习者**预知偏误**，提高学习效率。

本教材的韩文译文由李东熙和韩相万合作完成，并由全敏志校对，在此深表谢意。

另外，感谢李东熙，韩相万，申美石，申承澈同学提供了课后作业作为教师修改例文。同时感谢江原大学孔子学院汉语自由讨论班的全体学员积极接受访谈并填写调查问卷，并在本教材的修改过程中提出了很多宝贵意见。

感谢冯延军、高悦、李国臣、刘亚玲、马小雨、宋歌、孙辉亮、孙嘉怡、万红、许广田、罨画旗袍、张嘉婕、张明光、赵羚辰、김승해、김창화、박혜진、선환동、임상원提供照片使本教材更加完善。

由于编者水平有限，本教材尚有许多不足之处，敬请批评指正。

最后，我们祝愿所有的汉语学习者插上汉语的翅膀向着梦想展翅翱翔！

周岩 黄秀坤
2021年1月

머리말

강원대학교 공자아카데미에서 3년간 진행한 중국어 자유 토론 수업 경험을 바탕으로, 현재 한국에서 광범위하게 사용되고 있는 중국어 교재의 분석과 본 수업 자료를 사용해 본 수강생을 대상으로 진행한 일대일 인터뷰를 통해 수정을 거듭하여 본 교재를 완성하였다.

1. 집필 목표

한국의 중고급 중국어 학습자의 학습 욕구를 충족시켜주고, 학습 후 확실한 성과가 있는 중국어 토론 학습 교재를 제공하기 위함이다.

2. 집필 원칙

1) **학습 대상의 명확한 타기팅.** 본 교재의 어휘 난이도는 HSK 5급 이상 수준의 한국 학습자에 맞춰 선정하였으며, 한국에서 중고급 회화 수업의 요구를 충족시키고, 중국 현지 이외에서의 중국어 회화 학습의 한계를 보완하였다.

2) **본문 주제의 재미.** 본문의 주제는 학습자의 요구 사항에 부합하는 주제로 선정하였다. 우리가 선정한 10개의 주제는 모두 수강생들을 대상으로 진행한 사전 조사를 통한 것으로, 주제의 관심도, 사교성, 공감도 및 단어의 사용 빈도 등 다양한 방면에서 종합 지수 10위권에 대한 화제를, 난이도에 따라 쉬운 것부터 진행하도록 순서를 배정하였다.

3) **문화 배경에 대한 현실성.** 한국에서의 중국어 학습자들은 중국 문화를 인식하고 한중 문화를 비교하는 게 '그 당시 그곳'에서의 느낌에 미치지 못한다. 따라서 본 교재는 현재 중국의 실제 사회 생활 모습을 토대로, 한중 문화의 유사점과 차이점에 착안하여 예문과 문화 항목을 구성하였고, 그 당시 중국 문화 출현에 대한 학습자의 공감을 이끌어내기 위해, 그들이 한중 문화를 비교하고 객관적인 평가를 할 수 있도록 유도하였다.

4) **커리큘럼의 실용성.** 본 교재는 국내 모든 중국어 학원의 수업용으로 사용하기 좋으며, 주당 4시간 10주 과정, 총 40시간 수업에 적당하게 구성되어 있다. 내용의 편성도 교사가 구체적인 수업 계획에 따라 쉽게 조정할 수 있다.

5) **단원 내 내용의 다양성.** 중국어와 중국 문화, 두 마리 토끼를 잡기 위한 언어 지식 학습과 언어 교류 기술의 배양 외에도 학습자의 다양한 문화 학습 욕구를 만족시키기 위해 속담 해설, 중국 고시 감상, 노래 감상 등 중국 문화에 대한 독립적인 단원을 추가하였다.

6) **난이도 조정.** 본 교재는 교사의 수업 진행 시 사용되며, 중국어 중고급 학습자들의 자율 학습 시에도 사용이 가능하다. 단어, 예문, 고대 시가 감상, 중국 문화 소개 등은 한국어 번역을 추가하였으며, 이에 따라 교실 수업의 리듬과 자율 학습의 난이도 조정이 가능하게 되었다.

3. 집필 단원

본 교재는 총 10과로 이루어져 있으며 식문화, 음주 문화, 시간 개념, 계절, 자연, 가정 생활, 성격, 혼인, 자녀 교육, 이상 등의 주제로 구성되어 있다. 매 과의 내용은 다음을 포함한다.

1) 이야기해보자: 학습자의 **화제 교류에 대한 흥미**를 높이기 위하여, 본 주제와 관련 있는 두 개의 간단한 워밍업 문제에 그림을 곁들여 학습자 머릿속에 말뜻의 윤곽을 활성화시킨다.

2) **배워보자**: 학습자의 **언어 이해 능력**을 향상시키고 어휘력을 키우기 위하여, 주제와 관련있는 15개의 상용 단어를 선정하여 전형적인 언어 환경에서의 두 가지 예문을 각각 제시하였다. 또한 배우고 난 후 바로 사용할 수 있는 학습자의 **언어 사용 능력**을 향상시키기 위하여, 그중 10개의 단어를 선택하여, 두 조로 나누고, 정해진 주제에 대한 토론을 진행한다.

3) **토론해보자**: 학생의 **문장 표현 능력**을 향상시키기 위하여, 본 과의 주제와 관련된 5개의 상용어(속담, 격언, 최근 유행어 등을 포함) 중 한 가지를 선택하여 토론해본다.

4) **노래 부르자**: 최근 유행하는 해당 주제와 관련된 중국어 노래를 한 곡 소개하며, 학습자의 학습 의욕을 한 단계 높여주고, **중국어로 교류한다는 자신감과 표현 욕구**를 높여준다.

5) **읽어보자**: 학생의 **문화 이해 능력과 문화 비교 능력**을 향상시키기 위하여, 본 과의 주제와 관련 있는 사용 빈도 높은 중국 고대 시가 한 편, 시문의 함축적 의미, 창작 배경, 간단한 작가 소개 등을 고대 시가에 결부시켜 한중 문화의 차이를 비교한다.

6) **연습해보자**: 학습자의 언어와 문화를 결합한 **종합 논설 능력**을 향상시키기 위하여 단어 잇기, 단어 빈칸 채우기, 상용어 빈칸 채우기 등의 연습 문제로 해당 과에서 배운 단어를 튼튼하게 다지고, 진일보하여 화제 토론을 진행한다.

7) **보자**: 중국 문화 둘러보기. **학습자가 중국에 직접 가서 보고 싶은 마음이 들도록 유도**하기 위하여, 해당 과에서 배운 단어의 상기를 중요시했고, 중국 일반 시민들의 일상생활에 근거하여 내용이 객관성, 진실성, 적시성, 보편성을 갖추도록 노력했다.

8) **고쳐보자**: 학습자가 바로 **오류를 이해**하고 수정할 수 있도록 하는 동시에 다른 **학습자가 오류를 미리 알고** 학습 효율을 높일 수 있도록 하기 위하여 학습자의 숙제 중 전형적인 오류가 있는 부분을 선정하여 교사가 원본을 수정하고 수정본을 보여준다.

본 교재의 한글 번역문은 이동희님, 한상만님이 완성해 주셨으며, 전민지님이 재검토해 주셨습니다. 이에 깊이 감사드립니다.

방과 후 숙제를 강사 교정용 예문으로 제공해주신 이동희, 한상만, 신미석, 신승철님께 감사드립니다. 또한 적극적으로 인터뷰에 응해주시고, 설문지를 작성해주시고, 본 교재의 수정 과정 중 귀중한 의견들을 많이 내주신 강원대학교 공자학원 중국어 자유 토론반 전체 학생들께 감사드립니다.

사진을 제공하여 본 교재를 더욱 빛나게 해주신 冯延军, 高悦, 李国臣, 刘亚玲, 马小雨, 宋歌, 孙辉亮, 孙嘉怡, 万红, 许广田, 罨画旗袍, 张嘉婕, 张明光, 赵羚辰, 김승해, 김창화, 박혜진, 선환동, 임상원님께 감사드립니다.

편저자가 부족하여 본 교재에 부족한 점이 많으니 지적하여 바로 잡아주시길 바랍니다.

마지막으로 중국어를 배우는 모든 분들이 중국어의 날개를 달고 꿈을 향해 날아오르길 바랍니다.

주암 황수곤
2021년 1월

단어 및 품사 표기 기준

词及词性的界定参照：

1. 《现代汉语词典(第7版)》(中国社会科学院语言研究所词典编辑室, 商务印书馆, 2016)
2. 《现代汉语规范词典(第1版)》(外语教学与研究出版社, 语文出版社, 2004)
3. 《成语大词典(最新修订版·双色本)》(商务印书馆国际公司辞书编辑部, 商务印书馆, 2018)

脚注中出现的词语只标注例句中使用的词性。

병음 표기 기준

汉语拼音注音遵循：

《汉语拼音正词法基本规则》(国家标准)GB/T16159-2012

例：单音节：驷 sì　　　　　　双音节：下饭 xiàfàn

三音节：甩鞭子 shuǎi biānzi　四音节：以茶代酒 yǐ chá dài jiǔ

儿化音：早餐摊儿 zǎocān tānr　轻声词：庄稼 zhuāngjia

成语：世外桃源 shìwài-táoyuán、事与愿违 shìyǔyuànwéi

其乐融融 qí lè róngróng、日复一日 rì fù yī rì

熟语：打肿脸充胖子 dǎ zhǒng liǎn chōng pàngzi

人名：雷锋 Léi Fēng　保尔 Bǎo'ěr

地名：青藏高原 Qīngzàng Gāoyuán

고유 명사 표기

이 책에 나오는 중국의 지명이나 고유 명사 등은 현지 발음으로 표기하는 것을 원칙으로 하였다. 그러나 다음 경우는 한자 발음으로 번역/표기하였다.

1. 시(诗)나 속담 속의 지명 번역

   - 望庐山瀑布 망여산폭포(여산 폭포를 바라보며)

   - 上有天堂, 下有苏杭: 하늘에는 천당이 있고, 땅에는 소주와 항주가 있다.

2. 옛 지명, 옛 나라 이름, 옛 시인의 이름, 호 등(현 지명은 현지 발음으로 표기)

   - 경조만년(京兆万年 지금의 산시성 시안시 陕西西安)

   - 당(唐), 청(清), 북주(北周) 등

   - 이백(李白), 자는 태백(太白), 호는 청련거사(青莲居士) 등

3. 역사, 문화적으로 한국 사람에게 잘 알려진 고유 명사

   - 이화원(颐和园), 노구교(卢沟桥)등

품사 약어표

품사	약어	품사	약어
명 사	명	조 사	조
동 사	동	접속사	접
형용사	형	성 어	성
부 사	부	속 어	속어
대 사	대	속 담	속담
양 사	양	비 유	비유

목 차

第一课　백성은 먹는 것을 하늘로 여긴다 …………………………… 1
　　🎵　豆浆油条 ……………………………………………………… 11
　　🌾　《悯农(二)》 <민농2> …………………………………………… 12
　　🍜　中国人的早餐文化 ……………………………………………… 16

第二课　술은 지기를 만나면 천 잔도 모자란다 ……………………… 19
　　🎵　我还年轻, 我还年轻 …………………………………………… 29
　　⛈　《清明》 <청명> ………………………………………………… 30
　　🍶　中国人的敬酒文化 ……………………………………………… 34

第三课　시간은 다 어디로 갔나? ……………………………………… 37
　　🎵　时间都去哪儿了 ………………………………………………… 47
　　📓　《长歌行》 <장가행> …………………………………………… 48
　　🕐　中国人的一天 …………………………………………………… 52

第四课　봄잠에 날이 밝는 줄 몰랐더니 ……………………………… 55
　　🎵　龙卷风 …………………………………………………………… 65
　　🐦　《春晓》 <춘효> ………………………………………………… 66
　　🌦　中国的气候特点 ………………………………………………… 70

第五课　계림의 산수는 천하제일이다 ………………………………… 73
　　🎵　黄土高坡 ………………………………………………………… 83
　　🏞　《望庐山瀑布》 <망여산폭포> ………………………………… 84
　　⛰　中国的五岳 ……………………………………………………… 88

第六课　공정하고 청렴한 관리라도 집안일을 잘 처리하기 어렵다 … 91
　　🎵　真心英雄 ………………………………………………………… 101
　　🏘　《游山西村》 <유산서촌> ……………………………………… 102
　　🧹　在中国家务活儿由谁来承担? …………………………………… 106

第七课 군자가 한번 내뱉은 말은 사두마차로도 따라잡기 힘들다 · · · · · · **109**
- 倔强 · · · · · · 119
- 《竹石》 〈죽석〉 · · · · · · 120
- 北方人和南方人的性格差异 · · · · · · 124

第八课 하룻밤 부부라도 만리장성을 쌓는다 · · · · · · **127**
- 愿得一人心 · · · · · · 137
- 《相思》 〈상사〉 · · · · · · 138
- 热闹非凡的广场相亲会 · · · · · · 142

第九课 자식이 먼 길을 떠나면 어머니는 걱정한다 · · · · · · **145**
- 父亲 · · · · · · 155
- 《游子吟》 〈유자음〉 · · · · · · 156
- 为了赢在起跑线上 · · · · · · 160

第十课 비바람을 겪지 않고 어떻게 무지개를 볼 수 있겠는가? · · · · · · **163**
- 千山万水 · · · · · · 173
- 《登鹳雀楼》 〈등관작루〉 · · · · · · 174
- 自强不息的时代追梦人 · · · · · · 178

부록

1. 学一学, 谈一谈 예문 해석 · · · · · · 182
2. 练一练 정답 / 해석 · · · · · · 200
3. 단어 찾아보기 · · · · · · 206
4. 속담 모아보기 · · · · · · 214

第一课
民以食为天

백성은 먹는 것을 하늘로 여긴다

聊一聊

이야기해보자

1. 请介绍一种你知道的中国食物，并说说中国食物合你的口味吗？
2. 下列图中的食物是什么？如果你吃过，请说说味道怎么样？

摄影：刘亚玲

面皮 miànpí / 凉皮 liángpí　　串串香 chuànchuànxiāng

麻辣小龙虾 málà xiǎo lóngxiā　　点心 diǎnxin

学一学 배워보자

1 营养 yíngyǎng 명 영양, 양분 동 영양을 섭취하다.

营养丰富 / 营养过剩 / 营养不良 / 缺乏营养 / 讲究[1]营养

- 营养过剩是肥胖的主要原因之一。
- 现代人很讲究营养，注意食物中营养成分的均衡[2]。

2 主食 zhǔshí 명 주식

米饭 / 面条 / 饺子 / 包子 / 馒头

- 中国人一日三餐中最普遍的主食是米饭和馒头。
- 有的人为了减肥不吃主食或很少吃主食。

摄影：张嘉婕

3 酥脆 sūcuì 형 바삭바삭하다. 부드럽고 부서지기 쉽다.

又酥又脆 / 外酥里嫩

- 北京稻香村[3]的点心有的酥脆，有的绵软，深受大家的喜爱。
- 锅包肉外酥里嫩，又酸又甜，非常好吃。

---

 1)讲究 jiǎngjiu 동 중요시하다. 신경을 쓰다. 2)均衡 jūnhéng 형 균형이 잡히다.
3)稻香村 Dàoxiāngcūn 도향촌, 1895년 개점한 베이징의 유명한 과자(월병)점(*老字号 인증점)

 참 *老字号(상무부에서 전통 있는 상점에 부여해주는 공식 마크)

제1과 백성은 먹는 것을 하늘로 여긴다

学一学
배워보자

④ 清淡 qīngdàn 형 (맛이) 담백하다.

饮食清淡 / 口味清淡

- 上了岁数以后，一定要吃得清淡一些，尽量少油少盐。
- 大部分的韩国菜比较清淡，也许这就是韩国人大都很苗条的原因吧。

⑤ 下饭 xiàfàn 동 (반찬이) 입맛을 돋우다. 형 (반찬이) 입맛에 맞다.

下饭菜¹ / 下酒菜

- 老干妈²是最近在中国甚至全世界都超级流行的下饭神器³。
- 辣白菜锅是我最喜欢的下饭菜之一。

⑥ 招牌 zhāopai 명 간판 비유 (상점의) 명성, 평판

招牌菜 / 砸了招牌 / 拿手菜 / 中华老字号

- 去饭店吃饭的时候，人们一般先点招牌菜。
- 厨师们做菜时，每一道工序⁴都特别讲究，否则就会砸了招牌。

⑦ 卖相 mài xiàng 외관, 모양, 생김새

卖相好 / 卖相差 / 色香味俱全

- 我做的菜味道还不错，就是卖相差点儿。
- 中国菜讲究色香味俱全。

摄影：刘亚玲

1) 下饭菜 xiàfàn cài 밥 먹을 때 입맛을 돋워주는 반찬류 혹은 절인 장아찌 등 2) 老干妈 Lǎogānmā 라오깐마(중국 국민 소스 브랜드, 한국의 볶음 고추장과 유사한 소스지만 재료와 맛이 다양하다)
3) 神器 shénqì 명 원뜻은 신물, 요즘의 신기하고 독특한 기능의 하이테크 제품을 가리킨다. 4) 工序 gōngxù 명 제조 공정, 작업 순서

8 食欲 shíyù 명 식욕

有食欲 / 没食欲 / 食欲不振 / 食欲大增

- 我最近工作压力很大，因此，一点儿食欲也没有。
- 时隔半年回到家，看到妈妈做的饭菜，我顿时食欲大增。

9 年夜饭 niányèfàn 명 설맞이 음식(섣달 그믐날 온 가족이 모여서 먹는 저녁 식사)

吃年夜饭 / 团圆饭 / 夜宵

- 对中国人来说，一年中最重要的一顿饭要数[1]年夜饭了。
- 大年三十儿，家家户户都要准备丰盛的年夜饭。

10 五谷杂粮 wǔgǔ záliáng 오곡, 잡곡, 각종 양식

- 五谷杂粮都要吃，营养才能均衡。
- 人吃五谷杂粮，哪有不生病的？

11 垃圾食品 lājī shípǐn 불량 식품, 정크 푸드

- 油炸食品被普遍认为是垃圾食品之一。
- 为了身体健康，尽量不要吃垃圾食品。

1) 要数 yào shǔ ~를 최고로 꼽다.

学一学
배워보자

12 山珍海味 shānzhēn-hǎiwèi 솅 산해진미

⟨-⟩ 粗茶淡饭¹

- 在孩子的眼里，什么山珍海味也比不上妈妈做的粗茶淡饭。
- 我觉得山珍海味固然好，但粗茶淡饭也不错。

13 津津有味 jīnjīn-yǒuwèi 솅 흥미진진하다. 아주 맛있다.

有滋有味 ⟨-⟩ 没滋没味

- 他真喜欢吃麻辣小龙虾啊，你看，他吃得津津有味。
- 看起来那本书很有意思，他津津有味地看了一下午。

14 细嚼慢咽 xìjiáo-mànyàn (음식을)오래 씹고 천천히 삼키다.

⟨-⟩ 狼吞虎咽²

- 吃饭的时候，不要急，细嚼慢咽对身体有好处。
- 我从小养成了细嚼慢咽的习惯，所以总是比别人吃得慢。

15 五味俱全 wǔwèi jùquán 온갖 맛이 다 갖춰지다. 만감이 교차하다.

酸甜苦辣咸

- 我去中国朋友家做客，她给我做了一桌子菜，真是五味俱全。
- 他从小就体会过了人生的酸甜苦辣咸，所以长大以后对待³生活的态度也和别人不一样。

1)粗茶淡饭 cūchá-dànfàn 솅 변변치 않은 음식 2)狼吞虎咽 lángtūn-hǔyàn 솅 게걸스럽게 먹다. 3)对待 duìdài 동 대우하다. 대하다. 다루다. 대처하다.

 **请用所学的词语说一说**

* **你会做什么菜？做得怎么样？**

   参考词语： 营养、酥脆、清淡、五味俱全、卖相

* **请说一说你吃饭的习惯？**

   参考词语： 垃圾食品、食欲、下饭、津津有味、细嚼慢咽

谈一谈
토론해보자

关于饮食的常用语

1 哑巴吃黄连，有苦说不出。

> 🔍 벙어리가 황련을 먹고, 쓰지만 말을 하지 못하다.
>
> 답답한 사정이 있어도 남에게 말 못하고 혼자만 괴로워하며 걱정하는 경우를 이르는 말이다. (황련: 깽깽이풀, 뿌리를 약으로 사용. 맛이 아주 씀)
>
> 💬 비슷한 속담
> - 벙어리 냉가슴 앓다.

- 我瞒[1]着家人借给他钱，但是他一直没还钱，现在，我也没有钱了，真是**哑巴吃黄连，有苦说不出**啊。
- 她结婚不久就离婚了，现在后悔当初没听父母的话，真是**哑巴吃黄连，有苦说不出**。

2 酒香不怕巷子深。

> 🔍 술 향은 골목 깊은 걸 두려워하지 않는다.
>
> 잘 빚은 술이라면 사람들이 향기를 맡고 찾아와 그 맛을 본다는 말이다. 현대에 들어 광고나 마케팅의 중요성을 강조하는 경우에는 한 글자를 바꿔 반대의 의미로 쓰기도 한다. 즉, *酒香也怕巷子深*(술 향이 아무리 좋아도 골목 깊은 것은 두렵다).

- 虽说**酒香不怕巷子深**，可是我还是觉得饭店要开在交通便利的地方。
- 现在的市场竞争这么激烈，企业不仅要保证产品质量，更要在品牌宣传上下功夫[2]，因为"**酒香不怕巷子深**"的时代已经过去了。

1) 瞒 mán 동 감추다. 속이다. 2) 下功夫 xià gōngfu 노력을 기울이다. 애쓰다. 힘쓰다. 공을 들이다.

第一课 民以食为天

3) 饱汉子不知饿汉子饥。

🔍 배부른 사람은 굶주린 사람의 배고픔을 모른다.

⋯ 자기와 환경이나 조건이 다른 사람의 사정을 이해하기가 어려움을 이르는 말이다.

出处:《官场现形记》第45回 － [清]李宝嘉

- 你已经是公务员了，还说我考不上公务员也没关系，你这不是**饱汉子不知饿汉子饥**吗?
- 我真的想找个女朋友快点儿结婚，哥哥却说："你还年轻，别着急!" 唉! 他真是**饱汉子不知饿汉子饥**啊。

4) 人是铁，饭是钢，一顿不吃饿得慌。

🔍 사람이 철이면 밥은 강철이다. 한 끼를 굶어도 배가 고파 견딜 수 없다.

⋯ 사람이 아무리 대단해도 밥을 먹어야 살고 힘을 쓸 수 있다는 것, 즉 먹는 것의 중요성을 강조하는 것이다.
글자 그대로 풀어보면 <사람과 밥>의 관계가 <철과 강철>의 관계처럼 되어 마치 밥이 사람보다 강하다는 뜻으로 보일 수도 있으나, 옛사람들이 사용하던 언어 饭과 钢뒤에 숨어 있는 속뜻, 즉, 饭:吃饭 钢:磨铁의 의미를 되새겨보면 '사람이 밥을 먹는 것은 쇠에 날을 세우는 것과 같다'라는 뜻이 된다. 즉, 사람은 밥을 먹어야 비로소 강해진다는 의미가 유추된다.

💬 비슷한 속담
- 수염이 석 자라도 먹어야 양반이다.

- 孩子啊，一日三餐，你一定要好好儿吃，**人是铁，饭是钢，一顿不吃饿得慌**。
- 我知道你这次失败了很难过，但是，你已经一整天没吃东西了，**人是铁，饭是钢**，还是吃点儿吧! 吃饱了以后，才能重新开始啊。

谈一谈

토론해보자

5 癞蛤蟆想吃天鹅肉。

🔍 두꺼비가 백조 고기를 먹으려 하다.

… 사람이 자신을 잘 알지 못하면서, 손에 넣을 수 없는 것을 얻으려고 하는 것을 이른다. 또한 자신의 분수를 모르고 어울리지 않게 과한 것을 바라는 걸 말하기도 한다.

출처:《水浒传》第101回 - [元末.明初]施耐庵

💬 비슷한 성어, 속담

- 自不量力¹ / 痴心妄想²
- 까마귀가 백로 되기를 바란다.

➡ 她是个富家千金，他只是个穷小子，想要跟她结婚？真是癞蛤蟆想吃天鹅肉，绝对不可能。

➡ 虽然长得不漂亮，但她一心想要当明星，连家人都说她是癞蛤蟆想吃天鹅肉。

 请在上边5个常用语中选择一个谈一谈你的看法

💡 1)自不量力 zìbù-liànglì [성] 자기의 역량을 분별하지 못하다. 주제 파악을 못하다. 2)痴心妄想 chīxīn-wàngxiǎng [성] 허황된 망상을 하다.

唱一唱
노래 부르자

　　《豆浆油条》这首歌是林俊杰颇受喜爱的作品之一，收录在2004年发行的林俊杰个人专辑《江南/第二天堂》中。这首歌表达了醇美[1]的爱情就像豆浆和油条一样，相依相恋，看似简单、朴素，却因为你离不开我，我离不开你，甜蜜携手，共同创造出浪漫和幸福的味道。

豆浆油条

作词：张思尔　　作曲：林俊杰　　首唱：林俊杰

喝纯白的豆浆，是纯白的浪漫
望着你可爱脸庞[2]，和你纯真的模样
我傻傻对你笑，是你忧虑[3]解药
你说我就像油条，很简单却很美好

𝄆 我知道你和我就像是豆浆油条
要一起吃下去味道才会是最好
你需要我的傻笑，我需要你的拥抱
爱情就需要这样，它才不会单调[4]
我知道有时候也需要吵吵闹闹
但始终也知道只有你对我最好
豆浆离不开油条，让我爱你爱到老
爱情就需要这样，它才幸福美好
我知道，都知道，你知道，你都知道
好不好，别偷笑，让我知道
好不好，别偷笑，让我知道（让我知道就好）

我喝完热豆浆，却念着还想要，你吃完金黄油条，爱情又要再发酵[5] 𝄇

♪ 간단한 음악 공부 ♪
도돌이표가 나타나면 그 사이를 한 번 반복합니다.

1) **醇美** chúnměi 형 순수하고 아름답다. 2) **脸庞** liǎnpáng 명 얼굴, 용모 3) **忧虑** yōulǜ 명 동 우려(하다) 걱정(하다) 4) **单调** dāndiào 형 단조롭다. 5) **发酵** fājiào 동 발효시키다. 비유 (어떤 일이) 변화가 생기다.

读一读 읽어보자

悯农（二）　　　　민농 2
　[唐]李绅　　　　　[당]이신

锄禾日当午，　　김매는 날 한낮이면,
汗滴禾下土。　　땀방울이 벼 아래 흙으로 뚝뚝 떨어지네.
谁知盘中餐，　　누가 알랴 상위에 놓인 밥,
粒粒皆辛苦？　　한 알 한 알 농부들의 피와 땀인 것을.

注释

锄 chú　괭이, 호미, 김매다.

禾 hé　벼, 곡식의 총칭

粒 lì　알, 작은 알갱이를 뜻하는데 여기서는 양사로 쓰였다.

皆 jiē　모두

请读一读上面的古诗，并说一说浪费粮食的行为有哪些？

한시 감상 포인트

이신(李绅 772-846), 당나라 시인, 자는 공수(公垂), 보저우(亳州 지금의 안후이성 安徽에 있음) 사람. 〈전당시 全唐诗〉에 그의 시 4권이 있다. 이신은 당시, 관원은 잘 입고 잘 먹고 사나, 농민은 하루 종일 일하고도 따뜻하고 배부른 생활을 유지할 수 없는 것을 보자 〈민농〉 시 두 편을 지었다. 이 두 편의 시는 중국에서 사람들 사이에 널리 회자되고, 부녀자와 어린이들조차 모두 알고 있으며, 수백 년 동안 줄곧 널리 전송(传诵)되어 왔기 때문에, 그는 민농 시인으로 불려진다.

이 시는 〈민농〉의 두 번째 시로 "누가 알랴 상위에 놓인 밥, 한 알 한 알 농부들의 피와 땀인 것을." 이 시구절은 사람들에게 양식의 소중함을 교육하는 천고의 명구가 되었다. 중국에서는 거의 모든 아이들이 어릴 적에 부모로부터 이 시를 외우라는 말을 듣는다. 또한 부모의 감시 아래, 매번 그릇 안의 밥을 깨끗이 먹어야 하며, 한 알도 남기면 안된다. 한 알 한 알의 양식을 소중히 여기는 생각과 미덕은 이렇게 대대로 내려오고 있다.

练一练   연습해보자

1 请把下列A组词和B组词恰当的搭配用线连接起来

A • ---------- • B

营养 •　　　• 食品
饮食 •　　　• 俱全
食欲 •　　　• 丰富
垃圾 •　　　• 清淡
五味 •　　　• 不振

A • ---------- • B

五谷 •　　　• 饿汉子饥
津津 •　　　• 巷子深
酒香不怕 •　　　• 杂粮
山珍 •　　　• 有味
饱汉子不知 •　　　• 海味

2 请选择下列词语填空

A.招牌菜　　B.下饭　　C.狼吞虎咽　　D.卖相　　E.五谷杂粮

① 虽然妈妈做的菜_____不好，但是口感还不错，我吃了一大碗。

② 全聚德¹的_____就是大名鼎鼎²的北京烤鸭。

③ 今天老婆做的菜太好吃了，特别_____。

④ 他确实是饿极了，不一会儿就把那么一大碗饭_____地吃干净了。

⑤ 每天吃一些_____，可以预防疾病的发生。

1) 全聚德 Quánjùdé 취앤쥐더, 1864년 문을 연 중국의 전통 음식점(*老字号 인증점) 2) 大名鼎鼎 dàmíng-dǐngdǐng [성] 명성이 높다.

3 请将学过的正确常用语写在横线上

① 你这个富二代，家里又有房又有车的，哪知道我们刚毕业的学生生活压力有多大，真是_____。

② 凭他这么差的水平，也想去争第一，哼，不要_____了。

③ 那家火锅店虽然位置有点儿偏僻[1]，但是生意非常火，真是_____
_____！

4 请自由回答下列问题

① 你有吃早饭的习惯吗？韩国人吃早饭有什么讲究？

② 如果去饭店饭菜吃不完，你会打包吗？

---

1) 偏僻 piānpi 형 외지다. 궁벽하다.

看一看 보자

中国人的早餐文化

中国有句俗话叫做"民以食为天",这反映了自古以来人们对"食"的重视。而一日三餐中,早餐尤为重要,即所谓的"早吃饱,午吃好,晚吃少"。

豆浆油条

一般来说,中国人的早餐以简便为主,在家里吃的话,多以粥和馒头等面食为主,配着小咸菜[1]一起吃。大部分上班族会选择在早餐摊儿[2]上吃,遍布[3]大街小巷的早餐摊儿品种多样、经济实惠[4]、方便快捷,深受大家喜爱。豆浆、豆腐脑、粥、面条、油条、包子、煎饼等等应有尽有[5]。尽管南北方略[6]有不同,但豆浆和油条搭配[7]在一起吃可以算是最受人们喜爱的早餐组合之一。如果您到中国的话,一定要尝尝啊!

肉夹馍

烧饼

1)咸菜 xiáncài 명 장아찌, 소금에 절인 채소 2)早餐摊儿 zǎocān tānr 아침 노점상 3)遍布 biànbù 동 널리 퍼지다. 4)实惠 shíhuì 명 실리 형 실속이 있다. 실용적이다. 5)应有尽有 yīngyǒu-jìnyǒu 성 있을 건 다 있다. 없는 게 없다. 6)略 lüè 부 약간 7)搭配 dāpèi 동 조합하다. 결합하다. 형 잘 어울리는 배필[쌍]이다.

중국인의 아침 식사 문화

중국에는 "백성은 먹는 것을 하늘로 여긴다"는 속담이 있는데, 이것은 사람들이 예로부터 "먹는 것"을 중시한다는 걸 보여준다. 특히 하루 세 끼 중 아침 식사가 중요한데, 이른바 "아침은 배불리 먹고, 점심은 잘 먹고, 저녁은 적게 먹는다"라는 말이 있다.

일반적으로 중국인의 아침 식사는 간편한 걸 위주로 하며, 집에서 먹을 때는 죽과 만토우 등 밀가루 음식을 주식으로 하고, 거기에 장아찌를 곁들여서 먹는다. 대부분의 중국 직장인들은 아침 노점상에서 골라 먹는데, 거리마다 널리 퍼져있는 아침 노점상 메뉴는 다양하며 실속 있고, 편리하고 빠르며, 모두에게 사랑 받는다. 두유, 순두부, 죽, 국수, 요우탸오, 만두, 전병 등 없는 게 없다. 남북 지역이 좀 다르긴 하지만 두유와 요우탸오를 어울려 같이 먹는 것이 사람들에게 가장 사랑받는 아침 식사 조합 중 하나라고 할 수 있다. 중국에 가게 되면 꼭 한번 맛보길!

煎饼   广式早茶

改一改 고쳐보자

传统节日春节将至，小时候妈妈为了春节准备了很多菜，把有嚼劲的牛肉和猪肉作调料烤了，是我最喜欢的菜。鱼干了一半，去了腥，蒸了又煎了。用大米和坚果做了卖相好的点心。但是点心很酥，所以要小心。红薯做油炸，吃的时候非常脆，口感很好，我也很喜欢。还有为了下饭，腌制了泡菜。节日不用粗粮的时候很少吃，一般都吃大米做饭。用面粉发面，做了饺子。真是大鱼大肉（这些都是下饭的菜。/这些菜都非常有食欲。）可是现在为了减肥和健康，人们都不喜欢吃油腻的菜了。现在今天的春节找不到小时候的回忆了。

第二课
酒逢知己千杯少

술은 지기를 만나면 천 잔도 모자란다

聊一聊
이야기해보자

1. 你喜欢喝什么酒？或者说说你所知道的酒的种类？
2. 你和中国朋友一起喝过酒吗？和他们一起喝酒的感觉怎么样？

啤酒 píjiǔ　　　黄酒 huángjiǔ

红酒 hóngjiǔ　　白酒 báijiǔ

学一学

배워보자

1 劝酒 quànjiǔ 동 술을 권하다.

喜欢劝酒 <-> 不要劝酒 / 劝酒的习惯 / 劝酒的坏处

- 酒后开车可不是闹着玩的，而且最近中国对酒驾的处罚也越来越严，大家都用"我是开车来的"抵挡[1]劝酒。
- 跟韩国人比起来，中国人劝酒的习惯多一些。

2 酒驾 jiǔjià 음주 운전을 하다.

抓酒驾 / 醉驾 / 代驾

- 喝酒了就不要开车，酒驾是很危险的。
- 快要春节了，街上到处都是抓酒驾的警察。

3 酒坛子 jiǔ tánzi 술독, 술 단지, 술고래

装满酒坛子 <-> 倒空酒坛子 / 酒坛子打了 / 醋坛子[2]

- 古时候，人们会把酿[3]好的白酒装在酒坛子里保管。
- 王大爷太爱喝酒了，他自己都说也许上辈子他就是个酒坛子。

4 酒鬼 jiǔguǐ 명 술고래, 술꾼

大酒包 / 烟鬼 / 酒友

- 他天天喝酒，有时甚至早上起来就喝，简直就是个酒鬼。
- 找男朋友的话，千万不能找个酒鬼，天天醉醺醺的，怎么办呢？

---

 1)抵挡 dǐdǎng 동 저항하다. 막아내다. 2)醋坛子 cùtánzi 식초 단지, 질투가 심한 사람을 비유 3)酿 niàng 동 양조하다. (술, 간장 등을) 담그다.

学一学

배워보자

5 清醒 qīngxǐng 동 정신을 차리다. 형 (머릿속이) 맑고 깨끗하다.

头脑清醒 / 意识清醒 / 清醒一下 / 保持清醒

- 如果酒喝得过量了，头脑会变得不清醒。
- 面对复杂的事情，我们一定要保持清醒的头脑。

6 醉醺醺 zuìxūnxūn 형 (술에 취해) 곤드레만드레하다. 만취 상태

醉醺醺的样子 / 醉醺醺的神态 / 每天醉醺醺的

- 看到丈夫回到家醉醺醺的样子，妻子不免又唠叨起来。
- 他最近事业失败，每天醉醺醺的，真希望他快点振作起来。

7 应酬 yìngchou 명 사교 활동 동 접대하다. 응대하다. 교제하다.

假装应酬 / 不会应酬 / 应酬一下

- 今晚公司有客人来，请帮我去应酬一下。
- 虽然我不喜欢应酬，但是在社交场合也得假装应酬。

8 以茶代酒 yǐ chá dài jiǔ 차로 술을 대신한다.

以点代面¹ / 以新代旧

- 不好意思，我不会喝酒，只好以茶代酒敬大家一杯。干杯！
- 大家都是朋友，喝酒随意，不能喝的人可以以茶代酒。

1) 以点代面 yǐ diǎn dài miàn 일부로 전체를 대신하다.

9 戒酒 jiè jiǔ 술을 끊다.

戒烟 / 戒毒

- 由于身体不好，我已经戒酒三年多了。
- 一般来说，戒酒比戒烟容易一些。

10 灌醉 guàn zuì 억지로 술을 먹여 취하게 하다.

灌酒 / 被灌醉 / 把他灌醉

- 上班以后，第一次和同事们喝酒我就被灌醉了。
- 不是我想把他灌醉，而是他自己要喝的。

11 下酒菜 xiàjiǔ cài 술안주

准备下酒菜 / 配下酒菜 / 下饭菜

- 在中国北方，家常凉菜、拍黄瓜、炒花生米等都是餐桌上常见的下酒菜。
- 喝酒的时候，应该配点儿可口的下酒菜。

12 灯红酒绿 dēnghóng-jiǔlǜ 톙 사치스럽고 방탕한 생활

追求灯红酒绿 / 灯红酒绿的生活

- 有的人喜欢追求灯红酒绿的生活，而不知道生活要靠自己努力。
- 他一直过着灯红酒绿的生活，把所有的青春都浪费了以后才感到后悔。

学一学
배워보자

13 酒足饭饱 jiǔzú-fànbǎo 술과 밥을 잘 먹다. 대접을 잘 받다.

吃饱喝足 / 酒满茶半[1]

- 今天跟朋友聚会，大家都是酒足饭饱，非常开心。
- 酒足饭饱以后，我什么工作都不想做，只想休息。

14 酒肉朋友 jiǔròu-péngyǒu 성 술친구(술 마실 때만 좋은 친구)

狐朋狗友[2] / 红颜知己[3] / 铁哥们儿[4] / 发小[5]

- 真的需要朋友帮助的时候，酒肉朋友往往是不可靠的。
- 他不听父母的话，结交了一些酒肉朋友，整天吃喝玩乐。

15 花天酒地 huātiān-jiǔdì 성 주지육림(酒池肉林), 주색(酒色)에 빠진 방탕한 생활

整天花天酒地 / 花天酒地的日子

- 那个富二代经常跟一些酒肉朋友花天酒地，花了他爸爸很多钱。
- 父母一辈子省吃俭用[6]，我们有什么理由花天酒地？

1)酒满茶半 jiǔ mǎn chá bàn 술잔은 가득, 찻잔은 반만 따른다. 2)狐朋狗友 húpéng-gǒuyǒu 성 불량배 3)红颜知己 hóngyán zhǐjǐ 홍안지기, 남자가 마음을 터놓고 대화를 나눌 수 있는 여성 친구 4)铁哥们儿 tiěgēmenr 명 확실히 믿을 수 있는 친구(주로 남자 사이에 씀) 5)发小 fà xiǎo 소꿉친구 6)省吃俭用 shěngchī-jiǎnyòng 성 아껴 먹고 아껴 쓰다. 절약해서 생활하다.

 请用所学的词语说一说

* **什么情况下你会喝酒？**

  参考词语： 下酒菜、以茶代酒、应酬、清醒、醉醺醺

* **如果你不会喝酒，别人劝酒的话，你会怎么办？**

  参考词语： 酒肉朋友、酒驾、灌醉、酒鬼、戒酒

谈一谈

토론해보자

关于酒的常用语

1 感情深，一口闷；感情浅，舔一舔。

> 🔍 정이 깊으면 원 샷, 정이 얕으면 입만 살짝.
>
> … 한국은 청바지(청춘은 바로 지금이야) 같이 긴 말을 줄여서 재미있는 건배사를 하는 경우가 많은데, 중국의 건배사는 중국 특유의 <뜻 문자>의 특성을 십분 활용하여, 글의 의미를 담은 건배사, 즉, 只要心里有, 茶水也当酒(마음만 있다면 차도 술이 될 수 있다)와 같은 상대방을 배려하는 건배사나 感情深, 一口闷(정이 깊으면 한입에 털어 넣자)와 같은 호탕한 성격을 나타내는 건배사가 많다.
>
> 💬 비슷한 속담
>   - 感情厚，喝不够，感情铁，喝吐血。

- ➡ 为了我们的友谊，来！大家干一杯！感情深，一口闷！
- ➡ 在酒桌上，人们常用"感情深，一口闷；感情浅，舔一舔"这句话来劝酒，因为大家为了表达对对方的感情很深，一般都会干了。

2 酒不可过量，话不可过头。

> 🔍 술은 양을 초과하면 안 되고, 말은 도가 지나치면 안 된다.
>
> … 술을 마실 때, 만약 자신이 제어할 수 있는 주량을 초과한다면, 건강에 좋지 않을 뿐만 아니라 실수하기 쉽다. "말은 도가 지나치면 안 된다"는 말은 말에 분별이 없으면 상대방에게 상처를 줄 수 있다는 뜻이다.

- ➡ 无论做什么事，都要把握[1]好尺度，这就是所谓的"酒不可过量，话不可过头"。
- ➡ 中国人非常注意说话时的分寸[2]，话不可过头，留三分最好。

1)把握 bǎwò 동 꽉 잡다. 움켜쥐다. 2)分寸 fēncun 명 분수, 적당한 정도나 범위

第二课 酒逢知己千杯少

③ 酒逢知己千杯少，话不投机半句多。

🔍 술은 지기를 만나면 천 잔도 모자라고, 말이 통하지 않는 사람과는 반 마디 말도 많다.

⋯ 마음이 통하는 친구와 만나 술을 마시면 아무리 마셔도 부족하고, 말이 통하지 않는 사람과는 반 마디 말도 많다는 뜻으로, 앞 구절은 성격이 잘 맞는 사람과 술을 마실 때 사용하고, 뒷 구절은 일상생활에서 많이 사용되는데, 자신과 맞지 않는 사람을 만나면 아예 침묵을 지켜 말썽이 생기지 않도록 하라는 의미로 사용한다.

출처:《西游记》-［元］杨暹
《名贤集》——［南宋］

- ➔ 喝酒的时候，跟什么人一起喝是很重要的，酒逢知己千杯少嘛。
- ➔ 如果跟对方意见不同，往往话不投机[1]半句多，一张嘴就吵起来。

④ 酒不醉人人自醉。

🔍 술이 사람을 취하게 하는 것이 아니라, 사람이 스스로 취하는 것이다.

⋯ 사람의 기분을 나타낼 때 많이 쓰는데, 외부 사람이나 물건, 환경이 자신에게 영향을 끼치기보다는 사람의 마음이 영향을 끼치는 경우가 많다. 즉, 같이 술을 마시며 기분이 좋아 자아도취 상태에 있다는 의미로 함께한 사람들에 대한 칭찬과 만족의 의미가 내포되어 있다.

출처:《水浒传》第四回 -［元末.明初］施耐庵
《狐狸缘全传》————［清］醉月山人

💬 비슷한 속담
- 情不伤人人自伤 / 花不迷人人自迷

- ➔ 他今天心情不错，喝着喝着又跳起舞来，真是酒不醉人人自醉。
- ➔ 我们几年不见，今天难得聚在一起，大家酒不醉人人自醉，开心极了。

---

1) 话不投机 huà bù tóu jī [성] 말이 통하지 않는다. 서로 의견이 맞지 않다.

谈一谈
토론해보자

⑤ 天下没有不散的筵席。

🔍 세상에 끝나지 않는 잔치는 없다.

헤어지는 장소에서 많이 사용된다. 사람이든 일이든, 한번 모이면 언젠가는 헤어져야 한다.

출처:《醒世恒言》- [明]冯梦龙

- 四年的大学生活就要结束了，大家马上各奔东西，**天下没有不散的筵席**[1]，请大家多保重！
- 今天聚会大家都酒足饭饱，玩得非常尽兴，但是，**天下没有不散的筵席**，今天就到这儿吧，我们期待下次再见。

摄影：张明光

 请在上边5个常用语中选择一个谈一谈你的看法

1) 筵席 yánxí 명 자리, 깔개, 술자리

唱一唱
노래 부르자

　　《我还年轻，我还年轻》这首歌收录在2017年Street Voice公司发行的专辑《吾十有五而志于学》中。这是一首新民谣摇滚[1]风格的歌曲，表达了当今一些在外打拼[2]的年轻人对生活的挣扎[3]和对未来的迷茫，同时也表现了不哭泣、不逃避的生活态度。

我还年轻，我还年轻

作词：张立长　　作曲：老王乐队　　首唱：老王乐队

在这个世界里，寻找着你的梦想(未来)
你问我梦想在哪里，我还年轻，我还年轻
他们都说，我们把理想都忘在，在那轻狂的日子里
我不哭泣[4]，我不逃避

给我一瓶酒，再给我一支烟
说走就走，我有的是[5]时间
我不想在未来的日子里，独自哭着无法往前
给我一瓶酒，再给我一支烟
说走就走，我有的是时间
我不想在未来的日子里，独自哭着无法往前 ‖

‖ 我在青春的边缘[6]挣扎
我在自由的尽头凝望[7]
我在荒芜[8]的草原上流浪
寻找着理想 ‖

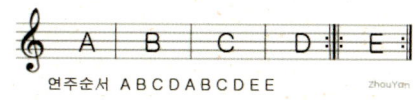

🎵 간단한 음악 공부 🎵
앞쪽 도돌이표 없이 뒤쪽 도돌이표가 먼저 나오면 처음으로 돌아갑니다.

 1)民谣摇滚 mínyáo yáogǔn Fork-Rock(민요+로큰롤: 대중음악의 한 장르) 2)打拼 dǎpīn 동 최선을 다하다. 분투하다. 3)挣扎 zhēngzhá 동 힘써 버티다. 몸부림치다. 4)哭泣 kūqì 동 훌쩍훌쩍 울다. 흐느끼다. 5)有的是 yǒudeshì 얼마든지 있다. 숱하다. 6)边缘 biānyuán 명 가장자리 7)凝望 níngwàng 동 응시하다. 주시하다. 8)荒芜 huāngwú 형 황폐하다. 잡초가 우거지다.

读一读

읽어보자

清明
[唐]杜牧

清明时节雨纷纷，
路上行人欲断魂。
借问酒家何处有？
牧童遥指杏花村。

청명
[당]두목

청명절에 비가 어지럽게 날리니,
길 가는 나그네 넋이 나가는구나.
주막이 어디에 있냐고 물으니,
목동이 저 멀리 살구꽃 핀 마을을 가리키네.

注释

纷纷 fēnfēn 분분히 흩날리는 모양, 부슬부슬

断魂 duàn hún 원래는 넋이 나간 상태이나 여기서는 매우 슬픈 모습을 나타냈다.

杏花村 Xìnghuācūn
원래 살구꽃 핀 깊숙한 마을을 가리킨다. 행화 마을에 대해서 다양한 설화와 함께 사료에 기록되어 있는데, 시에서 가리키는 행화 마을은 안후이성 츠저우시(安徽池州)에 있다. 이 시의 흐름에서 살구꽃 마을이라는 명칭은 술과 연결된다. 그 중에서도 유명한 "행화촌"은 산시성 펀양시(山西汾阳)에 있는데, 중국의 유명한 술의 도시로 그곳에서 생산된 "행화촌분주"는 중국 8대 명주 중 하나로 꼽힌다.

请读一读上面这首诗，并说一说清明你们会怎么祭祀？酒在祭祀时起到的作用？

한시 감상 포인트

두목(杜牧 803년-약 852년), 당나라 시인, 산문가, 자는 목지(牧之), 호는 번천거사(樊川居士), 경조만년(京兆万年 지금의 산시성 시안시 陝西西安) 사람. 저서 〈번천문집 樊川文集〉 20권, 현재 시 524수가 남아 있다. 청명은 24절기의 하나로 보통 양력 4월 5일 전후에 있으며, 중국 전통 명절인 청명절이다. 예로부터 청명절에는 가족이 함께 모여 먼저 돌아가신 친지를 위해 성묘하고, 조상의 제사를 지내는 전통이 있었고, 답청놀이[1]하는 풍속도 있었다. 이 시는, 청명 때 시인이 봄비 속에 음우가 계속 내리자 기분이 가라앉고 마음이 쓸쓸하여, 슬픈 마음을 달래기 위해 술을 마시고 싶은 심정으로 지었다. 지금도 '청명' 하면 떠오르는 두목의 이 시는 청명시의 천고의 절창이라고도 불린다.

1) **답청놀이(踏青郊游)**: 청명절을 전후하여 교외로 나가 자연을 즐기는 것

제2과 술은 지기를 만나면 천 잔도 모자란다

练一练 연습해보자

1 请把下列A组词和B组词恰当的搭配用线连接起来

A ———— B

头脑 ・　　・ 饭饱
酒肉 ・　　・ 菜
酒足 ・　　・ 朋友
花天 ・　　・ 酒地
下酒 ・　　・ 清醒

A ———— B

以茶 ・　　・ 酒绿
灯红 ・　　・ 一口闷
酒逢知己 ・　　・ 不散的筵席
感情深 ・　　・ 千杯少
天下没有 ・　　・ 代酒

2 请选择下列词语填空

A. 灌醉　　B. 花天酒地　　C. 清醒　　D. 醉醺醺　　E. 酒肉朋友

① 那个老头是一个酒鬼，每天都喝得_____的，还打骂孩子，简直是个禽兽[1]。

② 那几个暴发户[2]，自从有了钱，就每天不务正业[3]，只知道_____。

③ 昨天晚上有一个应酬，领导一个劲地灌我酒，我最终还是被_____了。

④ 你们要时刻保持_____的头脑，现在骗子太多了，尤其是老人，更容易受骗。

⑤ 遇到麻烦时，他的那些_____没有一个人愿意帮助他。

1) 禽兽 qínshòu 몡 날짐승과 들짐승(금수 같은 사람을 비유)　2) 暴发户 bàofāhù 몡 졸부
3) 不务正业 bùwù-zhèngyè 솅 해야 할 일을 하지 않다. 정당한 직업에 종사하지 않다.

第二课 酒逢知己千杯少

3 请将学过的正确常用语写在横线上

① 我在韩国的工作结束了，明天就要回国了，_____，
请大家多保重！

② 哥，虽然咱俩认识的时间不长，但真的是_____，
你太懂兄弟我现在的心情了，我干了，你随意！

③ 兄弟们都十多年没见了，今天能聚在一起，真是高
兴啊！来来来，_____，
不醉不归[1]啊！

4 请自由回答下列问题

① 如果你心情不好，会不会借酒浇愁[2]？

② 喝酒有哪些好处和坏处？

---

1)**不醉不归** bù zuì bù guī 취하지 않으면 돌아가지 못한다. 2)**借酒浇愁** jiè jiǔ jiāo chóu 술로 괴로운 심신을 달래다.

看一看 보자

中国人的敬酒文化

"酒逢知己千杯少"体现¹了自古以来中国人对酒的喜爱，无论是家人团圆、朋友聚会，还是单位聚餐、社交应酬等等，餐桌上，除了各种美味佳肴²以外，酒自然是必不可少的。

喝酒的时候，为了营造³一种欢快⁴、热闹的气氛，同时向他人表达祝福和感激之情，经常先由每个人轮流敬酒。家人团圆的时候，一般按辈分⁵和年龄的顺序敬酒；朋友聚会的时候，大都按顺时针或逆时针的顺序敬酒；社交场合一般按职位从高到低的顺序敬酒。无论哪种场合，都讲究在场的每个人都要提一杯，即使不会喝酒的人，或者是青少年，也要以茶代酒，说上一些祝酒词，来表达自己的心意。

一般提酒的人要先干为敬，其他人随意。这一环节过后，大家就开始自由地吃喝了，单独敬酒也好，小团体干一杯也罢⁶，直到⁷酒足饭饱为止⁸。最后，由一个主要人物"收杯"，这顿饭才算圆满结束。

摄影：김창화

1) 体现 tǐxiàn 동 구체적으로 드러내다. 2) 美味佳肴 měiwèi jiāyáo 맛있는 요리 3) 营造 yíngzào 동 분위기를 조성하다. 4) 欢快 huānkuài 형 유쾌하다. 5) 辈分 bèifen 명 항렬, 촌수, 선후배의 차례 6) 罢 bà 동 그만두다. 중지하다. (也罢 ~해도 좋다) 7) 直到 zhídào 동 쭉 ~에 이르다. 8) 为止 wéizhǐ 동 ~을 끝으로 하다. ~까지 하고 끝내다.

중국인의 권주 문화

"지기를 만나 술을 마시면 천 잔도 모자라다"라는 말에서 예로부터 중국인들이 술을 얼마나 사랑했는지 알 수 있다. 가족 모임, 친구 모임은 물론이고 직장 회식, 사교 모임 등의 식탁 위에는 각종 맛있는 음식 외에도 술이 당연히 빠져서는 안 된다.

중국 술자리는 즐겁고 흥겨운 분위기를 돋우는 동시에, 다른 사람에게 축복과 감사의 마음을 전하기 위해 항상 먼저 한 사람씩 돌아가며 술을 권한다. 가족 모임에서는 보통 항렬과 연령에 따라 술을 권하고, 친구 모임에서는 대부분 시계 방향이나 반시계 방향으로 술을 권한다. 또한 사교 장소에서는 보통 높은 직위에서 낮은 직위 순서로 술을 권한다. 어느 자리든 참석자 모두가 건배 제의하는 것을 중요시한다. 술을 못 마시는 사람이나 청소년도 술 대신 차를 들고 몇 마디 축배사로 자신의 마음을 표현한다.

보통 건배 제의하는 사람이 경의를 표하기 위해 먼저 잔을 비우고, 나머지 사람들은 편한 대로 한다. 이렇게 한 순배가 돈 후, 모두들 자유롭게 먹고 마시기 시작한다. 단독적으로 술을 권해도 좋고, 주위 사람들끼리 건배해도 좋으며, 배부르고 취할 때까지 쭉 이어진다. 주요 인물의 "끝인사"로 자리를 마무리한다.

改一改 고쳐보자

我以前很喜欢喝酒。大学时期我有一天，前一天喝酒太多了，不能上课了。那时候我跟朋友一起玩儿~~比学习更喜欢~~（比起学习，更喜欢）。当然我的成绩不高（太好）。

在工作时每周两天~~醉酒子~~（有次应酬）。经常下班以后和同事们喝~~的~~（得）醉醺醺的才回家~~了~~。

我三年前退休了。退休以后我想去中国各地旅游。为了~~这样做~~（实现我的愿望）健康很重要。所以我散步，游泳，打羽毛球等，~~运动~~（地运动）很努力。而且今年二月戒酒了。我觉得对健康最不好的事就是~~喝多的~~ 醉酒（或者：经常喝酒）。

但是现在因为新冠病毒不能去海外旅行。我希望赶快这个情况变好，（这样我就）能去中国了。

第三课
时间都去哪儿了

시간은 다 어디로 갔나?

聊一聊 이야기해보자

1. 上个周末的休息时间你是怎样安排的？
2. 平时你是怎样管理时间的？

业余时间 yèyú shíjiān　　　　抽时间 chōu shíjiān

空闲 kòngxián　　　　　　　忙碌 mánglù

学一学
배워보자

1 傍晚 bàngwǎn 명 저녁 무렵(약 17시~20시 무렵)

凌晨

- 晴天的傍晚，日落的景色很美。
- 我非常喜欢傍晚去海边散步。

摄影：임상원

2 曾经 céngjīng 부 이미, 벌써, 전에, 일찍이

曾经去过 / 曾经听说过 / 曾经见过

- 我曾经去过中国的上海，很喜欢那里。
- 上大学的时候，我们曾经形影不离[1]，但现在已经10多年没见面了。

3 眼下 yǎnxià 명 지금, 현재

眼下的情况 / 眼下的情形 / 眼前

- 眼下最重要的事情是写完毕业论文。
- 看眼下的情况，想一下子找到满意的工作应该比较难。

4 眨眼间 zhǎyǎn jiān 눈 깜짝할 사이

转眼间 / 瞬间

- 我刚上了公共汽车，可是，钱包眨眼间就不见了。
- 李先生和他的太太眨眼间已经结婚30年了！祝他们白头偕老[2]，永远幸福。

1) 形影不离 xíngyǐng-bùlí 성 그림자처럼 붙어 다니다. 사이가 아주 좋다. 2) 白头偕老 báitóu-xiélǎo 성 백년해로하다.

제3과 시간은 다 어디로 갔나?

学一学
배워보자

5 **及时** jíshí 〔부〕 즉시, 때마침 〔형〕 시기적절하다.

非常及时 / 太及时了 / 及时雨 / 及时更换 / 及时刹车[1]

- 我肚子疼得厉害，正急着找个人陪我去医院呢，你来得太及时了。
- 前边突然跑出来一个人，幸亏他及时刹车，否则就撞上了。

6 **此刻** cǐkè 〔명〕 이때, 지금, 이 시각

就在此刻 / 此刻的心情 / 此时 / 此时此刻

- 我被认识了10年的朋友骗了，我此刻的心情真不是一句两句能说清楚的。
- 她下夜班回家的路上被一名男子跟踪[2]，她吓得尖叫[3]起来，就在此刻，警察出现了，救了她。

7 **永恒** yǒnghéng 〔형〕 영원하다. 영원히 변치 않다.

永恒的瞬间 / 永恒的爱情 / 永恒不变

- 人们总是追求永恒的爱情。
- 世界上什么是永恒不变的？

8 **推迟** tuīchí 〔동〕 미루다. 연기하다.

不得不推迟 / 决定推迟 / 推迟了两天

- 天气预报说周日有雨，所以原定周日举行的运动会不得不推迟了。
- 由于签证还没有办下来，她推迟了去海外旅行的计划。

1)刹车 shāchē 〔동〕 브레이크를 걸다. 차를 세우다. 2)跟踪 gēnzōng 〔동〕 미행하다. 바짝 뒤를 따르다. 3)尖叫 jiānjiào 〔동〕 날카롭게 소리치다. 날카롭게 부르짖다.

9 三更半夜 sāngēng-bànyè 성 한밤중

深夜 / 半夜 / 大半夜

- 这三更半夜的，你怎么还出去跑步啊？
- 他为了应酬，经常喝酒喝到三更半夜才回家。

10 长年累月 chángnián-lěiyuè 성 오랜 세월, 줄곧

长期 / 经年累月[1]

- 成功不是一朝一夕[2]的事，需要长年累月的努力。
- 奶奶一辈子辛辛苦苦，长年累月地劳作[3]，腰都弯了。

11 日积月累 rìjī-yuèlěi 성 날을 거듭하다. 세월이 쌓이다.

积少成多 / 日新月异[4]

- 学习汉语的时候，每天记一些单词，日积月累，词汇量就会大大增加。
- 每个成功的人都是经过不断地努力，日积月累后才取得了成功。

12 争分夺秒 zhēngfēn-duómiǎo 성 분초를 다투다. 일분일초도 헛되이 쓰지 않다.

分秒必争 / 争权夺利

- 下周就要期末考试了，我必须争分夺秒地好好复习了。
- 在马拉松比赛中，运动员们都争分夺秒地往前跑。

1) 经年累月 jīngnián-lěiyuè 성 해와 달을 거듭하다. 오랜 세월이 지나다. 2) 一朝一夕 yīzhāo-yīxī 성 아주 짧은 시간(세월) 3) 劳作 láozuò 동 노동하다. 힘든 일을 하다. 4) 日新月异 rìxīn-yuèyì 성 나날이 새로워지다. 발전이 매우 빠르다.

学一学

배워보자

13 猴年马月 hóunián-mǎyuè 성 언제쯤이나, 어느 세월에

遥遥无期¹ / 驴年马月

- 你这么做太慢了，这要等到猴年马月才能做完啊？
- 毕业论文到现在还没开头呢，我看写完的话得等到猴年马月了。

14 光阴似箭 guāngyīn sì jiàn 성 세월이 화살과 같다.

岁月如梭 / 光阴荏苒 / 时光如流水

- 真是光阴似箭啊，一转眼大学毕业已经30年了。
- 年轻的时候应该多学习，光阴似箭，一定要珍惜时间啊。

15 年复一年 nián fù yī nián 해를 거듭하다. 1년 또 1년

日复一日²

- 我家门前的那棵大树已经100多年了，年复一年，枝繁叶茂³。
- 爷爷从十几岁开始做农活儿，日复一日，年复一年，手上长满了老茧⁴。

1)遥遥无期 yáoyáo-wúqī 성 기약 없이 막연하다. 2)日复一日 rì fù yī rì 성 이러구러, 하루 또 하루, 반복되는 하루 3)枝繁叶茂 zhīfán-yèmào 성 가지와 잎이 무성하다. 4)老茧 lǎojiǎn 명 (손발에 생기는) 굳은살

 请用所学的词语说一说

* 眼下你最想做的事情是什么？

   参考词语： 此刻、推迟、及时、三更半夜、长年累月

* 什么事情是需要争分夺秒的呢？

   参考词语： 眨眼间、光阴似箭、猴年马月、年复一年、日积月累

谈一谈
토론해보자

关于时间的常用语

1. 一年之计在于春，一日之计在于晨。

> 🔍 일 년의 계획은 봄에 세우고, 하루의 계획은 아침에 세운다.
>
> … 농사가 생계의 주요 수단이었던 예전에는 그해 농사의 시작을 봄에 하니 일 년의 계획은 봄에 있다고 표현했다. 계획을 세우는 건 앞으로 할 일에 대한 절차와 시간 배분의 의미도 있지만 일을 시작하기 전에 마음의 준비를 하라는 의미가 있다.
>
> 出处：《纂要》---- [梁(南朝)]萧绎
> 《白兔记·牧牛》- [明]无名氏

- 年轻人要提早确定人生目标，因为一年之计在于春，一日之计在于晨，要把握好人生的春天，将来才能成功。
- 一年之计在于春，一日之计在于晨，如果20岁的时候不努力，等到老了的时候后悔就来不及了。

2. 三天打鱼，两天晒网。

> 🔍 사흘은 고기를 잡고 이틀은 그물을 말린다.
>
> … 공부나 일을 꾸준히 할 마음이 없어 자주 중단하며 오래 지속하지 못함을 비유하는 말이다. 한국 속담 작심삼일과 비슷하지만, '하다 말다'를 반복한다는 의미도 있다.
>
> 出处：《红楼梦》第九回 - [清]曹雪芹

- 学习要经过长年累月的努力，三天打鱼，两天晒网可不行。
- 参加托福考试前，他总是三天打鱼，两天晒网，结果没通过考试。

③ 一寸光阴一寸金，寸金难买寸光阴。

🔍 한 치의 시간은 한 치의 금과 맞먹지만, 한 치의 금으로 한 치의 시간을 살 수는 없다.

> 시간은 매우 귀해 그 무엇과도 바꿀 수 없음을 말한다. 사람의 수명이 80세라고 하면 우리는 태어나면서 80년이란 시간을 받은 것이다. 사실 우리는 매일매일 생명의 일부를 꺼내 쓰며 주어진 일을 하며 살아가는 것이다. 인간에게 생명보다 소중한 게 없듯이 금이 아무리 귀하다 한들 생명과 바꿀 수는 없다.

출처: 《白鹿洞二首》 - [唐]王贞白

- 我们一定要珍惜时间，一寸光阴一寸金，寸金难买寸光阴。
- 谁都知道"一寸光阴一寸金，寸金难买寸光阴"这个道理，但是做起来可不容易。

④ 花有重开日，人无再少年。

🔍 꽃은 다시 피는 날이 있지만, 사람은 다시 젊어지지 않는다.

> 세월 앞에 장사 없고 세월은 사람을 기다려 주지 않는다.

출처: 《铁拐李》 - [元]岳伯川

💬 비슷한 속담
- 岁月不饶人 / 岁月不待人

- 青春不是永恒的，花有重开日，人无再少年啊。
- 我们这些80年代的大学生眨眼间就要退休了，真是花有重开日，人无再少年啊。

谈一谈
토론해보자

5) 路遥知马力，日久见人心。

🔍 길이 멀어야 말의 힘을 알 수 있고, 세월이 흘러야 사람의 마음을 알 수 있다.

오랜 시간의 시련을 거친 후에야 사람 마음의 좋고 나쁨, 우정의 진위를 알 수 있다는 것을 이른다. 시간은 모든 것을 검증해줄 수 있다.

출처:《事林广记》卷九 － [宋]陈元靓

💬 비슷한 속담
- 물은 건너봐야 알고 사람은 지내봐야 안다.

➤ 开始时，大家不相信他能坚持下去，但是几十年来，他一直帮助那个双目失明的邻居，事实证明路遥知马力，日久见人心。

➤ 现在你可能不相信我说的话，但是路遥知马力，日久见人心，你看我以后的行动吧。

摄影：李国臣

请在上边5个常用语中选择一个谈一谈你的看法

唱一唱
노래 부르자

　　《时间都去哪儿了》收录在王铮亮专辑《爱的自选》、《听得到的时间》和《故事岛》中。这首歌也是电视剧《老牛家的战争》和《空巢[1]姥爷》的主题曲，是电影《私人订制》的插曲。这首歌表达了作者对时间在不知不觉中流逝[2]的感叹，告诉人们要珍惜美好的时光。

时间都去哪儿了

作词：陈曦　　作曲：董冬冬　　首唱：王铮亮

门前老树长新芽，院里枯木又开花
半生存了好多话，藏[3]进了满头白发

※
记忆中的小脚丫[4]，肉嘟嘟[5]的小嘴巴
一生把爱交给他，只为那一声爸妈

时间都去哪儿了？还没好好感受年轻就老了
生儿养女一辈子，满脑子都是孩子哭了笑了
时间都去哪儿了？还没好好看看你眼睛就花了
柴米油盐[6]半辈子，转眼就只剩下满脸的皱纹[7]了　D.S. FINE

🎵 간단한 음악 공부 🎵
도돌이표 이외에 달세뇨라는 반복 기호도 있습니다.
달세뇨(D.S.)가 나오면 세뇨(※) 표시가 있는 곳으로 돌아가서
피네(FINE)가 나올 때까지 연주합니다

1) **空巢** kōng cháo [비유] 빈 둥지 가구(자녀들이 취업이나 결혼으로 분가하고 부모만 남은 가족 형태) 2) **流逝** liúshì [동] 흐르는 물처럼 지나가다. 3) **藏** cáng [동] 숨다. 숨기다. 간직하다. 4) **脚丫** jiǎoyā 발가락⇒脚丫子(발)에서 子를 생략한 가사 5) **肉嘟嘟** ròu dū dū 통통하다. 포동포동하다. 6) **柴米油盐** chái-mǐ-yóu-yán [성] 땔감, 곡식, 기름, 소금 등의 생활 필수품 7) **皱纹** zhòuwén [명] 주름살

제3과　시간은 다 어디로 갔나?

读一读 읽어보자

长歌行　[汉]汉乐府

青青园中葵，朝露待日晞。
阳春布德泽，万物生光辉。
常恐秋节至，焜黄华叶衰。
百川东到海，何时复西归？
少壮不努力，老大徒伤悲。

장가행　[한]한악부

푸르른 동산의 아욱잎, 아침 이슬 머금고 밝은 햇살 기다리네.
봄철 따뜻한 볕이 덕을 베푸니, 만물이 빛나고 광채 나는구나.
항상 두려운 것은 가을이 되어, 단풍 들어 꽃과 잎이 시드는 것이라.
모든 강물 동으로 흘러 바다로 가면, 언제 다시 서쪽으로 돌아오리오.
젊어서 노력하지 않으면, 늙어서 상심과 비애뿐이리.

注释

长歌行 Chánggēxíng　한악부 곡조명
晞 xī　날이 밝으면 햇빛이 찬란한 것을 표현함.
布 bù　주다. 남에게 베풀어 주다.
焜黄 kūn huáng　초목이 시들어 누렇게 됨을 나타냄.
徒 tú　헛되고 소용없다.

说一说你的少年时光中最难忘的一件事。

한시 감상 포인트

악부(乐府)는 진(秦)나라 때 설립된 음악 기관으로 한 무제 때는 악부의 규모가 비교적 컸다. 한나라 시대 악부 기관이 수집하고 노래하던 시는 통칭 '악부시 乐府诗'로 불렸는데, 그것은 한대(汉代) 시가 중 최고의 업적이라 할 수 있다.

이 장가행은 송나라 사람 곽무천(郭茂倩)이 편저한 〈악부시집 乐府诗集〉에 수록되어 있는데, 시 중에서 '모든 강물 동으로 흘러 바다로 가면, 언제 다시 서쪽으로 돌아오리오. 젊어서 노력하지 않으면, 늙어서 상심과 비애뿐이리'라는 시구절은 이미 천고의 명구가 되어, 세월은 한번 가면 되돌릴 수 없으니 시간을 소중히 여겨야 하며, 젊을 때 적극·진취적이어야 하고 부단히 노력하여야 하며, 만약 그렇게 하지 않으면 나이 들어 슬퍼하고 후회해도 늦는다는 것을 충고한다. 송나라 유명한 애국 명장 악비(岳飞)는 〈만강홍 满江红〉을 지었는데, 그중 '젊음을 되는 대로 보내고, 헛되이 슬퍼하지 마라'는 이 구절과 그 구절은 곡은 달라도 뛰어난 기법은 똑같고, 그의 장대한 뜻과 국가에 충성을 다한 영웅적 기개를 나타낸다.

练一练   연습해보자

1 请把下列A组词和B组词恰当的搭配用线连接起来

A	B		A	B
永恒的 ·	· 半夜		日积 ·	· 马月
推迟了 ·	· 累月		猴年 ·	· 两天晒网
三更 ·	· 爱情		光阴 ·	· 在于春
常年 ·	· 夺秒		三天打鱼 ·	· 月累
争分 ·	· 两天		一年之计 ·	· 似箭

2 请选择下列词语填空

> A. 傍晚   B. 及时   C. 长年累月   D. 猴年马月   E. 眨眼间

① 照你这样下去，_____才能弄完啊！

② 你来得太_____了，正好我有个问题需要请教你。

③ _____，孩子就不见了。

④ 由于工作的原因，爸爸_____地在外奔波[1]。

⑤ 赶到山脚下的时候，肯定是邻近_____了，还爬什么山呀！

---

1) 奔波 bēnbō 동 바쁘게 뛰어다니다. 분주하다.

3 请将学过的正确常用语写在横线上

① 那个老板多年来一直捐助¹贫困学生，真是 ＿＿＿＿＿＿＿＿＿＿＿＿＿。

② 要想成功的话，时间管理很重要，＿＿＿＿＿＿＿＿＿＿＿＿＿＿，
浪费时间，将会一事无成。

③ 无论做什么事情，都要一直坚持下去，＿＿＿＿＿＿＿＿＿＿＿＿
是不能成功的。

4 请自由回答下列问题

① 你的一天是怎样过的？

② 请说一说韩国人的退休生活，还有你想过怎样的退休生活？

---

1) 捐助 juānzhù 동 돕다. 재물을 기부하여 돕다.

看一看 보자

中国人的一天

　　总体上来讲，中国人大都有早睡早起的习惯，正所谓"早睡早起身体好"。

　　俗话说："一日之计在于晨"，有些人在凌晨5点多起床，然后出去晨练，公园里、广场上，到处可见人们锻炼身体的景象。或几十人一队，或三五成群，也有些人单打独斗¹，打太极拳啊、甩鞭子²啊、抖空竹³啊、踢毽子⁴啊、跳绳⁵啊什么的。一般来说，晨练者以老年人居多⁶，他们起得早，也不用赶着去上班，可以自由自在地晨练后，慢悠悠⁷地走回家，七八点钟再吃早饭。

摄影：한상만

　　而上班族大都是朝八晚五或朝九晚六，早上晨练几乎是不可能的。不过，中国人不像韩国人有聚餐的习惯，大部分上班族都会正点下班回家，吃完晚饭，也就七八点钟，这时候，正是一家人边散步边沟通交流的时间。因此，马路上、广场上、公园里，人比早上多，也比早上热闹得多。跳跳广场舞、散散步、看看夜景、聊聊天儿，尽情⁸享受晚饭后的休闲时光。

　　中国人普遍睡得比较早，老人和小孩八九点钟就睡了，其他人十点多也该睡了，过了十一点还不睡觉的人就可以被叫做"夜猫子⁹"了。就这样，中国人的一天就与人们一起安然入睡了。

1)单打独斗 dāndǎ dú dòu 홀로 대련하다. 2)甩鞭子 shuǎi biānzi 채찍을 휘두르다. 3)抖空竹 dǒu kōngzhú 중국의 전통 민속놀이, 양쪽에 손잡이가 달린 줄 위에 대나무로 만든 죽통(空竹)의 잘록한 부분을 감아 올려 여러 가지 묘기를 부리는 놀이. 4)踢毽子 tī jiànzi 제기를 차다. 5)跳绳 tiàoshéng 명동 줄넘기(를 하다) 6)居多 jūduō 동 다수를 차지하다. 7)慢悠悠 màn yōuyōu 느릿느릿하다. 어슬렁어슬렁하는 모양 8)尽情 jìnqíng 부 실컷, 마음껏 9)夜猫子 yèmāozi 명 올빼미, 밤 늦도록 자지 않는 사람

중국인의 하루

대부분의 중국인들은 "일찍 자고 일찍 일어나는 것이 몸에 좋다"라고 여겨 일찍 자고 일찍 일어나는 습관을 지니고 있다.

속담에 "하루의 계획은 아침에 있다"라는 말이 있다. 어떤 사람은 새벽 5시경 일어나 운동을 나간다. 새벽에 공원, 광장, 거리 곳곳에서 운동하는 사람들의 모습을 볼 수 있다. 몇십 명의 사람들이 한 팀을 이루거나 삼삼오오 무리를 이루거나 혹은 혼자 운동을 하기도 한다. 태극권, 채찍 휘두르기, 죽통 놀이, 제기차기, 줄넘기 등등. 보통 새벽 운동을 하는 사람은 노년층이 다수를 차지한다. 그들은 아침 기상이 이른 편이고 서둘러 출근할 필요도 없기 때문에, 자유롭게 아침 운동을 한 후, 느릿느릿 집으로 돌아가 7~8시쯤에 다시 아침을 먹어도 된다.

摄影: 冯延军

대부분의 중국 직장인들은 아침 8시 출근 저녁 5시 퇴근 혹은 아침 9시 출근 저녁 6시 퇴근이기에 새벽 운동을 하기 힘든 편이다. 하지만 회식 습관이 있는 한국인과 달리, 대부분의 직장인들은 정시에 퇴근해 집으로 돌아가 저녁을 먹고 나도 7-8시이다. 이때가 바로 가족들이 산책하며 소통을 나누는 시간이다. 그래서 도로 위, 광장, 공원에는 아침보다 사람이 더 많고, 더 시끌벅적하다. 광장 춤을 추고, 산보를 하고, 야경을 보고, 이야기를 나누면서, 저녁 식사 후의 여가 시간을 만끽할 수 있다.

摄影: 孙辉亮

보편적으로 중국인들은 비교적 일찍 자는 편이다. 노년층과 아이들은 저녁 8~9시, 그 외 사람들은 10시가 되면 잠자리에 든다. 11시가 넘어도 잠을 자지 않는 사람들은 '올빼미'라고 불리기도 한다. 이렇게 중국인들의 하루는 사람들과 함께 편안하게 잠든다.

제3과 시간은 다 어디로 갔나? 53

改一改   고쳐보자

时间过得真快啊！转眼间我的(~~年轻的~~ 青春)日子)已经过去了。现在我后悔小时候没有努力学习。那时候我浪费了很多时间。

(~~在工作时~~ 退休以前)，我(~~一天一天~~ 日复一日)过得忙碌，~~不能抽时间~~ 非常，没有业余时间。退休以后我有很多空闲(心)。所以我可能学汉语，画画，游泳，打羽毛球。如果没有时间，不可能白(这些是)完成的。

最近我考虑制作时间~~安排~~ 计划表。为什么呢？是为了有效地利用时间。时间是公平的 ~~与所有的人~~ 对每个人都。所以我觉得如果我爱(珍)惜时间的话 我能够做 我想做的事 更多。

第四课

春眠不觉晓

봄잠에 날이 밝는 줄 몰랐더니

聊一聊 이야기해보자

1. 今天天气怎么样？
2. 你喜欢什么季节？为什么？

摄影：高悦

摄影：高悦

春季

摄影：孙辉亮

晴 qíng　　阴 yīn　　多云 duōyún
雨 yǔ　　雪 xuě　　风 fēng
季节 jìjié　　湿润 shīrùn　　干燥 gānzào
雾霾 wùmái　　洪水 hóngshuǐ

学一学
배워보자

1 晴朗 qínglǎng 쾌청하다. 맑다. 구름 한 점 없다.

天气晴朗 / 晴朗的天空

- 天气晴朗的时候最适合散步。
- 春天来了，孩子们在晴朗的天空下玩耍。

摄影：李国臣

2 明媚 míngmèi 맑고 아름답다. (날씨가) 화창하다.

阳光明媚 / 春光明媚

- 我们找一个阳光明媚的日子去爬山吧。
- 春川的春天真美啊，樱花盛开，春光明媚。

3 灿烂 cànlàn 찬란하다. 눈부시다. 환히 빛나다.

阳光灿烂 / 春光灿烂 / 灿烂的笑容

- 昨天下了一场大雨，今天雨过天晴，阳光十分灿烂，太美了。
- 幼儿园正在举办六一儿童节晚会，孩子们的脸上满是灿烂的笑容。

4 结冰 jiébīng 얼음이 얼다.

结成了冰 / 冻成了冰

- 吉林的冬天气温一般在零下二三十度，路上常常结冰，走路要非常小心。
- 昭阳江是春川有名的江，冬天虽然冷，但是大部分水面不会结冰。

学一学

배워보자

5 炎热 yánrè 형 무덥다. 찌는 듯하다.

天气炎热 / 炎热的夏天

- 炎热的夏天，为了解暑，他几乎天天都会喝一碗妈妈熬的冰镇绿豆汤¹。
- 夏天天气炎热，人们大都喜欢呆在有空调的屋子里，尽量不出门。

6 海啸 hǎixiào 명 해일, 쓰나미

发生海啸 / 引起²海啸

- 2004年印度洋发生的海啸，造成了20多万人死亡。
- 海啸通常是由海底地震引起的，水下、沿岸山崩或火山爆发也可能引起海啸。

7 地震 dìzhèn 명 지진

震源 / 震中³

- 2008年5月12日发生的汶川⁴地震是新中国成立以来破坏力最大的地震。
- 当地震发生时，人在空旷⁵的地方相对安全。

8 干旱 gānhàn 형 가물다.

干旱地区 / 治理⁶干旱

- 非洲大部分地区降水量很少，干旱情况比较严重。
- 干旱是人类面临的主要自然灾害之一。

---

1)绿豆汤 lǜdòu tāng 녹두탕(여름에 차 대신 마시면 더위를 물리쳐준다고 함) 2)引起 yǐnqǐ 동 (주의를)끌다. 야기하다. 3)震中 zhènzhōng 명 진앙(진원 바로 위 지표면 상의 지점) 4)汶川 Wènchuān 쓰촨성 청두 북서쪽에 있는 지명 5)空旷 kōngkuàng 형 광활하다. 넓디넓다. 6)治理 zhìlǐ 동 다스리다. 관리하다. 정비하다.

⑨ 牛毛细雨 niúmáo xìyǔ 이슬비, 가랑비, 보슬비

> 毛毛细雨 / 细雨蒙蒙

- 南方的梅雨[1]季节，常常是连日的 牛毛细雨，室内室外都很潮湿。
- 虽然天上下起了 牛毛细雨，但是运动员们还在踢足球。

⑩ 春暖花开 chūnnuǎn-huākāi 🅢 봄은 따듯하고 꽃이 핀다.

摄影：이동희

> 春意盎然[2] / 春风习习

- 我最喜欢 春暖花开 的季节，因为天气不冷不热，景色也美。
- 等到明年 春暖花开，我们一起去看大海吧。

⑪ 骄阳似火 jiāoyáng sì huǒ 🅢 뙤약볕이 불과 같다. 불타는 듯하다.

> 烈日炎炎 / 夏日炎炎

- 今年的夏天比往年热，特别是正午的时候，骄阳似火。
- 在中国，一年一度[3]的高考原来是在 骄阳似火 的七月，由于天气太热了，现在改成了六月。

⑫ 秋高气爽 qiūgāo-qìshuǎng 🅢 가을(하늘)은 높고 공기는 상쾌하다.

> 天高云淡 / 金色的秋天

- 秋天晴空万里、秋高气爽，是登山最好的季节。
- 骄阳似火的夏日过后，我们就迎来了 秋高气爽 的秋天。

摄影：卷画旗袍

1) 梅雨 méiyǔ 🅝 장마 2) 春意盎然 chūnyì-àngrán 🅢 봄기운이 완연하다. 3) 一年一度 yī nián yī dù 1년에 한 번

学一学
배워보자

13 寒冬腊月 hándōng-làyuè 추운 섣달, 엄동설한

度过寒冬腊月 / 战胜寒冬腊月

- 寒冬腊月是一年中最寒冷的时节。
- 为了平安地度过寒冬腊月，有些动物会冬眠。

摄影：이동희

14 风和日丽 fēnghé-rìlì 형 바람은 부드럽고 날은 화창하다.

风和日丽的日子 / 风和日丽的下午

- 在风和日丽的下午，坐在窗边，边喝咖啡边看书，这是多么好的休闲方式啊！
- 山区的天气变化真快，刚才还是风和日丽的，忽然就下起雨来。

15 未雨绸缪 wèiyǔ-chóumóu 형 비가 오기 전에 (창문을) 수선하다. 사전에 방비하다.

防患于未然 / 有备无患 / 居安思危[1]

- 我做事情常常事先做好各种准备，未雨绸缪，有备无患。
- 一个企业家应该有未雨绸缪的洞察力，这样才能使企业不断发展。

---

1) 居安思危 jū'ān-sīwēi 형 편안할 때 위기를 생각한다(언제든지 위험에 대처할 수 있게 준비한다).

 请用所学的词语说一说

* 面对自然灾害，我们该怎么办？

    参考词语：地震、海啸、干旱、骄阳似火、未雨绸缪

* 你喜欢什么样的天气，在这样的天气里你会做什么？

    参考词语：晴朗、风和日丽、春暖花开、秋高气爽、寒冬腊月

谈一谈

토론해보자

关于天气的常用语

1) 树欲静而风不止，子欲养而亲不待。

🔍 나무는 조용히 있고자 하나 바람이 그치지 않고, 자식은 부모를 봉양하고자 하나 부모님은 기다려주지 않는다.

⋯ 나무는 객관적인 사물, 바람은 쉼 없이 흘러가는 시간, 시간의 흐름은 개인 뜻에 따라 멈추지 않는 것에 비유한다. 자신이 부모가 돼 봐야 겨우 부모님의 은혜에 눈뜨기 시작하며, 그것을 진정 느끼게 되는 데는 수십 년의 시간이 걸린다. 늦게나마 깨우치고 돌아보면 부모님은 이미 이 세상에 계시지 아니한다. '风树之叹'이라고도 한다.

출처: 《孔子家语卷二·致思第八》
《韩诗外传》──［汉］韩婴

- 他以前常跟那些不三不四¹的人在一起，不务正业，现在想改邪归正²，可是树欲静而风不止，他们总是来找他。
- 子女们一定要常回家看看父母，到了子欲养而亲不待的时候，后悔也来不及了。

2) 万事俱备，只欠东风。

🔍 만사가 준비되었으나 다만 동풍이 부족하다.

⋯ 삼국연의에 나오는 글로 적벽대전을 준비하는 주유(周瑜)가 동풍이 없어 고민하자 제갈량(诸葛亮)이 글로써 주유에게 전한 말로 모든 것이 다 준비되었는데 단 한 가지가 부족하여 큰 계획을 실행하지 못하는 아쉬움을 표현한다.

출처: 《三国演义》－［明］罗贯中

- 我去中国留学的手续都办好了，就差订机票了，现在是万事俱备，只欠东风。
- 开学的事情我们都准备好了，现在是万事俱备，只欠东风，只要学校确定时间就可以开学了。

1) 不三不四 bùsān-bùsì [성] (인품이)너절하다. 행실이 바르지 못하다. 2) 改邪归正 gǎixié-guīzhèng [성] 잘못을 고치고 바른길로 돌아오다. 개과천선하다.

3) 冰冻三尺，非一日之寒。

🔍 석 자 두께의 얼음은 하루 추위에 언 것이 아니다.

💬 어떤 상황의 형성은 오랜 시간에 걸쳐 축적되고 숙성된다는 것을 이른다. 어떠한 일의 발생은 모두 잠재적, 장기적으로 존재하는 요소가 있는 것이지, 갑자기 형성될 수 있는 게 아니다.
소설 <金瓶梅>에 나오는 표현으로, 2014년 7월 시진핑 주석 방문 때 서울대 연설에서 인용되었다.

출처:《论衡·状留篇》- ［东汉］王充

💬 비슷한 속담
- 낙숫물이 댓돌을 뚫는다.

▶ 这次他们俩真的离婚了！听说他们总吵架，几年前就想离婚了，真是冰冻三尺，非一日之寒啊。

▶ 那家饭店因卫生问题多次被要求整改，但是冰冻三尺，非一日之寒，最终因为问题严重，被停业了。

4) 无风不起浪。

🔍 바람이 불지 않으면 파도가 일지 않는다.

💬 아니 땐 굴뚝에 연기 나랴! 원인 없는 결과는 없음을 나타내는 말이다.

💬 비슷한 속담
- 事出有因
- 뿌리 없는 나무에 잎이 필까.

▶ 无风不起浪，如果他真的没做错什么，怎么会有这么多传言呢？

▶ 虽然说"无风不起浪"，但只听信传言就说这个人有问题，那也太武断了。

谈一谈
토론해보자

5) 天有不测风云，人有旦夕祸福。

하늘에는 예상치 못한 풍운이 있고, 사람에게는 아침저녁으로 화복이 있다.
어떤 재난의 발생은 사전에 예측할 수 없음을 이른다.

출처:《破窑赋》————[北宋]吕蒙正
《水浒传》第26回 -[元末.明初]施耐庵

- 他一直都很健康，可是这次体检时发现肺部有个肿瘤，真是天有不测风云，人有旦夕祸福啊。
- 俗话说：天有不测风云，人有旦夕祸福。我们无论做什么事，都得未雨绸缪。

请在上边5个常用语中选择一个谈一谈你的看法

唱一唱
노래 부르자

《龙卷风[1]》这首歌收录在周杰伦2000年发行的首张个人专辑《Jay》中。这首歌既有爱情小调的温情，也有爱情交响乐的奔放，表现了一个人在失恋之后，激情迸发的情绪，爱情就像龙卷风，来得太快，走得也太快，表达了面对龙卷风似的爱情的一种无可奈何[2]的情绪。

龙卷风

作词：徐若瑄　　作曲：周杰伦　　首唱：周杰伦

爱像一阵风，吹完它就走，
这样的节奏，谁都无可奈何[2]
没有你以后，我灵魂失控，
黑云在降落，我被它拖着走

※1
静静悄悄默默离开，
陷入[3]了危险边缘 Baby~
我的世界已狂风暴雨

※2
爱情来得太快就像龙卷风，
离不开暴风圈来不及逃
我不能再想，我不能再想，
我不~我不~我不能
爱情走得太快就像龙卷风，
不能承受[4]我已无处可躲
我不要再想，我不要再想，
我不~我不~我不要再想你　D.S.2

不知不觉，你已经离开我，
不知不觉，我跟了这节奏
后知后觉，又过了一个秋，
后知后觉，我该好好生活　D.S.1

※3
不知不觉，你已经离开我，
不知不觉，我跟了这节奏
后知后觉，又过了一个秋，后知后觉，我该好好生活　D.S.3 al FINE
FINE

🎵 간단하지 않은 음악 공부 🎵

초반에 너무 복잡한 구조가 나왔습니다.
D.S.n과 ※n은 서로 짝입니다.
D.S.n al FINE는 달세뇨 규칙대로 진행다가
FINE에서 끝내란 의미입니다.
악보 그림에 연주 순서를 참고하세요. 설명은 통과합니다.

 1) 龙卷风 lóngjuǎnfēng 명 회오리바람 2) 无可奈何 wúkěnàihé 성 어찌할 방법이 없다. 3) 陷入 xiànrù 동 깊이 빠져들다. 4) 承受 chéngshòu 동 받아들이다. 이겨내다.

读一读 읽어보자

春晓
[唐]孟浩然

春眠不觉晓，
处处闻啼鸟。
夜来风雨声，
花落知多少。

춘효
[당]맹호연

봄잠에 날이 밝는 줄 몰랐더니,
여기저기서 새소리가 들려온다.
간밤에 비바람 소리 들렸으니,
꽃잎은 얼마나 떨어졌을까.

注释

春晓 chūnxiǎo 봄의 아침

觉 jué 느낌, 감지하다.

啼 tí (새나 곤충이)울다.

闻 wén 들었다.

请读一读上面这首古诗，并说一说你的故乡的春天。

한시 감상 포인트

　맹호연(孟浩然 689년-740년), 당대의 유명한 산수전원파 시인. 그는 일찍이 녹문산[1](鹿门山)에 은거하였는데, 이 〈춘효 春晓〉는 바로 그가 은거할 때 쓴 것이다. 시에는 봄비 온 뒤의 이른 아침, 뚝뚝 꽃이 떨어지고, 끝없이 새가 지저귀는 현란한 풍경을 묘사하여 시인이 봄을 사랑하고 봄빛을 소중히 여기는 아름다운 정취가 잘 나타나 있다. 이 시는 중국인의 깊은 사랑을 받아 남녀노소를 막론하고 누구나 줄줄 외울 수 있다.

　봄이 오면 대지는 소생하고 만물은 성장한다. 사람들에게 봄은 파종의 계절이자 희망으로 충만한 계절이다. 중국에는 "한 해의 계획은 봄에 있다"라는 속담이 있는데, 봄은 일 년의 시작이며, 봄에 한 해의 일정과 계획을 잘 세워야 한다는 뜻이다. 사람들은 봄에 계획을 잘 세우고 부지런히 파종해야만 가을에 풍성한 수확을 거둘 수 있다. 사람의 청춘도 일생 중의 봄이기 때문에 우리는 청춘 시절을 소중히 여겨 미래를 위해 역량을 축적해야만 반드시 많은 결실을 거둘 수 있을 것이다. 현대의 저명한 문학가인 주자청(朱自清)은 산문〈봄 春〉에서, 우리에게 또한 봄의 무한한 아름다움을 느끼게 하였다.

1) **녹문산(鹿门山)**: 후베이성 샹양현(湖北襄阳)에 있다. 한 말(汉末)에 방덕공(庞德公)이 쳐자를 거느리고 들어가 약초를 캐며 끝내 나오지 않았다는 곳(본명: 소령산 苏岭山). 후대에는 은자들이 사는 곳으로 지칭하게 됨.

练一练 연습해보자

1 请把下列A组词和B组词恰当的搭配用线连接起来

A • ———— • B

晴朗的 •　　• 气爽
阳光 •　　• 夏天
炎热的 •　　• 花开
春暖 •　　• 天空
秋高 •　　• 明媚

A • ———— • B

灿烂的 •　　• 只欠东风
未雨 •　　• 而亲不待
子欲养 •　　• 不起浪
无风 •　　• 笑容
万事俱备 •　　• 绸缪

2 请选择下列词语填空

A. 结冰　　B. 晴朗　　C. 秋高气爽　　D. 未雨绸缪　　E. 灿烂

① 捧[1]着那本书，小姑娘的脸上露出了_____的笑容。

② 这是一个美丽的夜晚，_____的夜空漫天繁星[2]。

③ 冬天河水_____，孩子们在河面上快乐地滑冰。

④ 年轻时就要_____，为老年生活提前做好准备。

⑤ 北方的秋天是_____的季节，带着家人去看枫叶吧。

1) 捧 pěng 통 받들다. 두 손으로 받쳐 들다. 2) 繁星 fánxīng 명 무수한 별

3 请将学过的正确常用语写在横线上

① 我们要趁着父母健在[1]的时候多孝顺他们，_____，父母去世的话想孝顺也做不到了。

② 他们兄弟俩因为父亲遗产分配的问题产生了矛盾，十几年了都没有来往，_____，看来是很难和好了。

③ 他们一家本来生活得非常幸福，突然一场车祸夺[2]走了父亲的生命，真是_____。

4 请自由回答下列问题

① 什么事需要未雨绸缪呢？

② 说一说你所在城市的天气特点。

---

1)健在 jiànzài 동 건재하다. 건강하게 살아있다(주로 나이 든 사람에게 쓰임). 2)夺 duó 동 빼앗다. 강탈하다.

看一看 보자

中国的气候特点

　　中国陆地总面积约960万平方千米，气候复杂多样。最北的漠河[1]位于北纬53°以北，属寒温带气候，最南的南沙群岛[2]位于北纬3°，属赤道气候。同时，由于高山深谷、丘陵[3]盆地众多，东部和西部的气候差异也很明显。从总体上来看，青藏高原[4]4500米以上的地区一年四季都是冬天，南海诸岛终年都是夏天，云南中部四季如春，其余绝大部分地区都是四季分明。

　　春季，除江南地区外，其它地区基本是干旱少雨。夏季，除青藏高原外，全国普遍高温，广大地区7月气温在20℃至30℃。夏季风来自热带海洋，是全国大部分地区降水量最多的季节。秋季天高云淡、风和日丽、秋高气爽，除了东南沿海、青藏高原东侧、秦岭[5]以南及川黔[6]地区以外，其余[7]大部分地区降水量较少。冬季是全年最冷的季节，一月全国有三分之二以上的国土平均气温在0℃以下。

　　南北温差极大，"北极村"漠河镇极端[8]最低气温达-52.3℃，台湾、海南岛南端及南海诸岛都在20℃以上。冬季降水不多，除长江中下游和江南地区外，普遍干旱少雨。

摄影：이동희
〈2019년 강원대학교 공자아카데미 사진 공모전 3등상〉

1) 漠河 Mòhé 헤이룽장성에 있는 지명 2) 南沙群岛 Nánshā Qúndǎo 필리핀 서쪽에 위치한 섬들 3) 丘陵 qiūlíng 몡 언덕, 구릉 4) 青藏高原 Qīngzàng Gāoyuán 티베트 고원 5) 秦岭 Qín Lǐng 중국 산시(陕西)성에 있는 산맥 이름 6) 川黔 Chuān-Qián 쓰촨(四川)과 구이저우(贵州)의 약칭 7) 其余 qíyú 떼 (그)나머지 8) 极端 jíduān 몡 극단

중국 기후의 특징

중국 대륙의 총면적은 약 960만km²라 기후가 복잡하고 다양하다. 제일 북쪽의 모허는 북위 53° 이북이고 한랭대 기후이다. 제일 남쪽의 난샤군도는 북위 3°에 위치하고 적도 기후에 속한다. 동시에 높은 산 깊은 계곡, 구릉 분지가 아주 많기 때문에 동부와 서부의 기후 차이도 뚜렷하다. 전체적으로 보면 칭장고원 4500미터 이상의 지역은 일 년 사계절이 겨울이고, 남해 제도는 일 년 내내 여름, 윈난 중부의 사계절은 봄 같다. 나머지 대부분 지역은 모두 사계절이 뚜렷하다.

봄, 강남 지역 이외의 다른 지역은 기본적으로 건조하고 비가 적다. 여름, 칭장고원 외에 전국이 보편적으로 기온이 높아, 광대한 지역의 기온이 20℃에서 30℃ 사이이다. 바람이 열대 바다에서 불어오는 여름은 전국 대부분의 지역에 강수량이 가장 많은 계절이다. 하늘이 높고 햇살이 좋으며 공기가 상쾌한 가을은 동남 연안과 칭장고원 동측, 친링 이남 및 촨첸 지역 외에 나머지 대부분의 지역은 강수량이 좀 적다. 겨울은 연중 가장 추운 계절이고 1월은 전국 3분의 2 이상 국토의 평균 기온이 0℃ 이하이다.

남북의 기온 차는 아주 크고, '북극 마을' 모허현의 극단적 최저 기온은 영하 52.3℃까지 내려간다. 타이완, 하이난따오 남단 및 남해 제도는 모두 20℃ 이상이다. 겨울 강수량은 많지 않아서 장강 중하류와 강남 지역 외에는 건조하고 비가 적게 오는 편이다.

改一改 고쳐보자

~~冬天的回忆~~ → 가을

小时候我很喜欢冬天。~~小学时~~,到了结冰的季节"在离家不远的小河上滑冰玩儿。高中学时和朋友们一起去爬山看着雪花~~飞舞~~。大学~~生~~的时候,背着很大的背包走进深山,在冰天雪地里野营享受冬天。那时候~~正在想要~~银装素裹的世界,等待冬天快来。

（助词 / 可以 / 由 可以 / 也可以 / 像 / 里 营 / 小 经常幻想 也是 / 样子 时期 / 点儿）

开始上班以后,生活过得很忙了。虽然钱多了,但另一方面没有空儿。不得不去健身房锻炼身体。尽管天气闷热还有寒冬腊月~~的季节~~都提供很舒服的运动环境。于这种环境满足了,逐渐习惯了,只有到风和日丽的天才偶尔去外边活动,这样的生活过了十几年。

（不 / 是 / 健身房 3个 / 是大家 / 遇 好气）

某个寒冬的冬天,大学生时候的一个朋友邀请我去爬山。

（冷 / 大学同学 이렇게 에게도 돼요!）

我很高兴,愉快地去爬山。可是天哪,~~冬季山行~~原来这么辛苦,这么冷呀？我的身体~~变得不合~~自然环境了。那座山上 没有童年的~~自然~~我,只有虚弱的城市人。

（冬天爬山 / 的以 / 已经适应不了 / 一个）

抬头望天,时光正在~~往~~晴朗的天空后~~边~~消失。

（仰望天空, / 消失在）

第五课
桂林山水甲天下

계림의 산수는 천하제일이다

聊一聊
이야기해보자

1. 你去过中国吗？去过中国的哪个地方？
2. 你最想去看看中国哪里的自然风光？

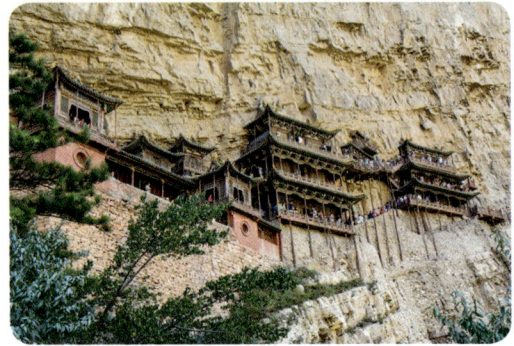

摄影：许广田

摄影：김승해

九寨沟 Jiǔzhài Gōu　　张掖丹霞地貌 Zhāngyè dānxiá dìmào
悬空寺 Xuánkōng Sì　　云冈石窟 Yún gāng Shíkū
黄金周 huángjīn zhōu

学一学
배워보자

1. 象征 xiàngzhēng 명동 상징(하다)

> 象征和平 / 象征友谊 / 爱情的象征 / 圣洁¹的象征

- 鸽子和橄榄枝²象征着和平和友谊。
- 玫瑰花是爱情的象征，所以情人节的时候，男朋友常常送给女朋友玫瑰花。

2. 宏伟 hóngwěi 형 웅대하다. 위대하다. 웅장하다.

> 气势宏伟 / 宏伟的建筑 / 宏伟的工程 / 宏伟的志向

- 北京故宫是一座宏伟的建筑群，是世界上现存规模最大的宫殿型建筑。
- 黄河壶口瀑布³气势宏伟，令人感叹！

3. 悠久 yōujiǔ 형 유구하다.

> 历史悠久 / 悠久的传统 / 悠久的文化

- 山西平遥古城⁴历史悠久，文化灿烂。
- 春节是中国最大的传统节日，它有着悠久的历史。

摄影：김창화

4. 被誉为 bèi yùwéi ~라고 불리다.

> 有着……的美誉 / 被称为……

- 秦始皇兵马俑是个宏伟的工程，被誉为"世界第八大奇迹"。
- 苏州以古典园林闻名⁵，被誉为"园林之城"。

1) 圣洁 shèngjié 형 성결하다. 신성하고 깨끗하다. 2) 橄榄枝 gǎnlǎnzhī 명 (서양에서 평화의 상징으로 쓰이는) 올리브 가지 3) 壶口瀑布 Húkǒu Pùbù 후커우 폭포: 황하 상류에 있는 세계 최대 황색 폭포 4) 平遥古城 Píngyáo Gǔchéng 핑야오 고성: 중국의 4대 고성 중 하나(세계 문화유산) 5) 闻名 wénmíng 동 이름을 듣다. 명성이 있다. 유명하다.

제5과 계림의 산수는 천하제일이다

学一学

배워보자

5 **壮观** zhuàngguān 몡 혭 장관(이다)

宏伟壮观 / 场面壮观

- 去年，我去北京参观了万里长城，远看长城，真是宏伟壮观啊！
- 2019年10月1日在北京举行了庆祝中华人民共和国成立70周年阅兵式，场面壮观，让人印象深刻。

6 **陶醉** táozuì 동 도취하다.

令人陶醉 / 让人陶醉 / 陶醉于 / 陶醉在……里

- 下雨了，窗外淅淅沥沥[1]的雨声像音乐一样，令人陶醉。
- 这是一场盛大的音乐会，现场的观众们都陶醉在美妙的歌声里。

7 **坚固** jiāngù 혭 견고하다. 튼튼하다.

十分坚固 / 坚固无比[2] / 坚固的城堡 / 坚固的牙齿

- 这是一座历史悠久的石头城堡[3]，历经几百年的风雨，看起来依然十分坚固。
- 父爱像大山一样坚固，母爱像流水一样永恒。

8 **寂静** jìjìng 혭 고요하다. 적막하다.

寂静的山林 / 寂静的村庄 / 寂静的夜晚

- 秋高气爽的时节，应该找一个自然休养林去度假，那寂静的山林一定会令你陶醉。
- 七月的夜晚，院中蝉鸣[4]声起，反而显得更寂静。

1) 淅淅沥沥 xīxī lìlì 씽 보슬보슬, 살랑살랑, 사락사락 2) 无比 wúbǐ 혭 비할 바 없다. 아주 뛰어나다. 3) 城堡 chéngbǎo 몡 성루, 성보, 작은 도시 4) 蝉鸣 chán míng 매미의 울음소리

9 **清澈** qīngchè 휑 맑다. 투명하다. 깨끗하다.

清澈的溪水 / 清澈的眼神¹ / 清澈见底²

- 从那座山上流下来的溪水清澈见底，干净极了。
- 那个孩子长着一双水灵灵³的大眼睛，那清澈的眼神显得很单纯。

10 **茂密** màomì 휑 (초목이) 무성하다. (숲이) 우거지다.

树叶茂密 / 茂密的森林 / 茂密的庄稼⁴

- 长白山国家森林公园是一片茂密的原始森林，1980年被列入联合国国际生物圈保护区。
- 秋天是收获的季节，看着田野里茂密的庄稼，农民们的脸上露出了灿烂的笑容。

11 **山清水秀** shānqīng-shuǐxiù 휑 산 좋고 물 맑다. 산수 경관이 수려하다.

山明水秀 / 眉清目秀 / 穷山恶水⁵ / 山穷水尽

- 中国的桂林山清水秀，有"桂林山水甲天下"的美誉。
- 昆明四季如春，山清水秀，空气清新，树叶茂密，是个旅游胜地。

12 **人山人海** rénshān-rénhǎi 휑 인산인해, 아주 많은 사람들

人来人往 / 人头攒动 / 熙熙攘攘⁶ / 摩肩接踵⁷

- 黄金周旅游的人很多，特别是那些著名的旅游景区，到处人山人海。
- 跳广场舞已经成了中国人普遍的休闲方式之一，每到傍晚，各大广场人山人海，非常热闹。

1)眼神 yǎnshén 명 눈매, 눈빛 2)清澈见底 qīngchè jiàn dǐ 바닥이 훤히 보이도록 물이 맑다. 3)水灵灵 shuǐlínglíng 휑 맑고 예쁜 모양, 윤기가 흐르고 생기가 있다. 싱싱하다. 4)庄稼 zhuāngjia 명 농작물 5)穷山恶水 qióngshān-èshuǐ 성 척박한 땅, 황량한 경치 6)熙熙攘攘 xīxī-rǎngrǎng 성 왕래가 빈번하고 번화하다. 7)摩肩接踵 mójiān-jiēzhǒng 성 어깨가 부딪치고 발꿈치가 잇닿다. 발 디딜 틈이 없을 정도로 붐비다.

学一学 배워보자

13 气势磅礴 qìshì-pángbó 형 기세가 드높다. 기세가 당당하다. 기세가 웅장하다.

气势宏伟 / 气势壮观 / 排山倒海[1]

- 贵州的黄果树大瀑布[2]是世界著名大瀑布之一，瀑布飞流直下时气势磅礴，非常壮观。
- 被誉为"世界第一大峡谷"的雅鲁藏布江[3]大峡谷位于中国西藏，波涛汹涌，气势磅礴，是地球上最深、最长的峡谷。

14 世外桃源 shìwài-táoyuán 명 무릉도원, 속된 세상 밖 별천지, 은둔처

人间仙境 / 洞天福地[4]

- 小时候，我最喜欢去乡下的奶奶家，奶奶家后面就是座小山，那里山林寂静，溪水清澈，简直就像世外桃源一样。
- 每个人都希望找到自己的世外桃源，远离喧嚣[5]，远离烦恼，在那里自由自在地生活。

15 历尽沧桑 lìjìncāngsāng 동 세상의 모든 변화를 다 경험하다. 산전수전 다 겪다.

饱经沧桑 / 人世沧桑 / 沧桑的岁月 / 沧桑的人生

- 那位老军人在战争年代里历尽沧桑，人们都非常敬佩[6]他。
- 历尽沧桑的香港和澳门终于在1997年和1999年回到了中国母亲的怀抱[7]。

---

1)排山倒海 páishān-dǎohǎi 성 산을 밀치고 바다를 뒤집다. 위세가 당당하다. 2)黄果树瀑布 Huángguǒshù Pùbù 황과수 폭포: 구이저우(贵州)성 안순(安顺)시에 있는 중국 제1폭포 3)雅鲁藏布江 Yǎlǔzàngbù Jiāng 야루짱뿌강(중앙아시아와 남아시아 중국 남서부를 가로지르는 강) 4)洞天福地 dòngtiān-fúdì 성 도교에서 말하는 신선들이 사는 명산, 명승지 5)喧嚣 xuānxiāo 형 시끄럽다. 소란스럽다. 6)敬佩 jìngpèi 동 감복하다. 탄복하다. 경탄하다. 7)怀抱 huáibào 명 품, 가슴

 请用所学的词语说一说

* 描述一个你觉得非常壮观的景象。

   参考词语： 象征、宏伟、被誉为、人山人海、气势磅礴

* 你觉得世外桃源是什么样的？

   参考词语： 清澈、寂静、陶醉、山清水秀、茂密

谈一谈
토론해보자

关于风光的常用语

① 上有天堂，下有苏杭。

🔍 하늘에는 천당이 있고, 땅에는 소주와 항주가 있다.

··· 소주와 항주는 산물이 풍족하여 여유로운 삶을 누릴 수 있고 풍경 또한 아름다워 유람하기도 좋다. 소주와 항주의 경치가 천하제일이라는 뜻으로 중국 사람들의 소주와 항주에 대한 자부심을 엿볼 수 있는 말이다.

출처: 《吴郡志》- [宋]范成大

💬 비슷한 속담
- 소주(苏州)에 태어나, 항주(杭州)에서 살고, 광주(广州)의 음식을 먹고 황산(黄山)에서 일하고 유주(柳州)에서 죽으라.

- 难怪¹人们都说 "上有天堂，下有苏杭"，来了以后才发现，画卷里的美景遍地²可见。
- 中国的江浙³一带真是个山清水秀的好地方，上有天堂，下有苏杭，你不去的话会遗憾的。

② 桂林山水甲天下，阳朔山水甲桂林。

🔍 계림의 산수는 천하제일이고, 양삭의 산수는 계림에서 제일이다.

··· <계림산수>는 계림 관광 자원의 총칭이며 중국의 10대 명승지 중의 하나이다. '계림을 보지 않았으면 산수를 논하지 말고 양삭을 보지 않고 계림에 왔다고 하지 말라'는 말이 있을 정도로 계림은 중국에서 손꼽히는 명승지이며 그 중에서도 양삭의 풍경을 최고로 친다.

출처: 시인 王正功(南宋)이 말했다고 전해짐

- 去桂林的话，一定要去阳朔看一看，因为 "桂林山水甲天下，阳朔山水甲桂林" 嘛，最美的地方怎么能不去看看呢？
- 都说桂林山水甲天下，这次，我也游览了桂林的山水，果然名不虚传⁴啊。

1) 难怪 nánguài 〔부〕 과연, 어쩐지 2) 遍地 biàndì 〔명〕 도처, 곳곳, 온통 3) 江浙 Jiāng-Zhè 중국의 장쑤성(江苏省)과 저장성(浙江省)의 줄임말 4) 名不虚传 míngbùxūchuán 〔성〕 명불허전, 소문이 헛되지 않다. 명실상부(명성과 사실이 부합)하다.

3) 五岳归来不看山，黄山归来不看岳。

🔍 오악에 갔다 오면 다른 산이 보이지 않고, 황산에 갔다 오면 오악이 보이지 않는다.

이 말은 오악이 너무 아름다워 그곳을 보고 나면 다른 산들이 눈에 차지 않고, 황산에 오르면 그 오악들조차 눈에 차지 않는다는 의미로 황산의 절경에 대한 최고의 찬사다. 오악은 중국 대륙의 동서남북 중 다섯 군데의 빼어난 산들로 동쪽의 태산[山東省], 서쪽의 화산[陝西省], 남쪽의 형산[湖南省], 북쪽의 항산[山西省], 중부의 숭산[河南省]을 말한다.

출처: 徐霞客(명나라 지리학자)

→ 中国有很多宏伟壮观的大山，俗话说：“五岳归来不看山，黄山归来不看岳”。看来，这些山真是一个比一个美啊！

→ 我知道五岳是中国的五座名山，但也听说"黄山归来不看岳"，黄山到底有多美，我真想亲自去看看！

4) 蜀道难，难于上青天。

🔍 촉으로 가는 길은 힘들어라, 하늘에 오르는 것보다 더 힘들다.

당 이백의 시 <蜀道难(촉도난)> 첫 구절로 높은 산으로 둘러싸인 四川(사천)으로 가는 험한 여정을 나타냄. 현재는 일이 특히 어려워 완성할 수 없을 때 많이 비유한다.

출처:《蜀道难》-［唐］李白

→ 四川地势险峻¹，山路崎岖²，自古以来就有"蜀道难，难于上青天"的说法。

→ 最近小姐姐³们表示，想找一个靠谱⁴的男人结婚简直难于上青天！

1) **险峻** xiǎnjùn 혭 험준하다.(산세가)높고 험하다. 2) **崎岖** qíqū 혭 (산길이)울퉁불퉁하다. 험난하다. 3) **小姐姐** xiǎo jiějie 젊고 예쁜 여자(최근 중국에서 유행하는 신조어) 4) **靠谱** kào pǔ 믿을 수 있다. 신뢰할 수 있다.

谈一谈
토론해보자

5 不到长城非好汉。

🔍 만리장성에 오르지 못하면 대장부가 아니다.

长城好汉(장성대장부): 꿈을 위해 노력하는 사람을 가리킨다. 곤란을 극복하고 목적을 달성할 수 없다면 영웅호걸이 아님을 이른다.

출처:《清平乐·六盘山》- 毛泽东

- 说起去中国旅游，第一个要打卡的地方绝对是北京的八达岭长城，俗话说"不到长城非好汉"嘛，而且还是世界中古七大奇迹之一呢！
- 无论做什么事情，我们都要有"不到长城非好汉"的决心，这样一定会成功的。

摄影：冯延军

请在上边5个常用语中选择一个谈一谈你的看法

唱一唱 노래 부르자

　　《黄土高坡¹》这首歌收录在张静林1988年发行的专辑《心愿》中。黄土高坡是中国西北地区典型的地形，这首歌的曲风也非常具有西北风格²，曾风靡一时³，引发⁴了中国歌坛⁵西北风大流行。这首歌表达了八十年代的年轻人勇往直前⁶的青春的热情和勇于开拓⁷的生命激情，充满了他们对未来的无限向往和追求。

黄土高坡

作词：陈哲　　作曲：苏越　　首唱：范琳琳

我家住在黄土高坡，大风从坡上刮过
不管是西北风还是东南风
都是我的歌，我的歌‖
　　　　　　3times

%1
不管过去了多少岁月，祖祖辈辈⁸留下我
留下我一望无际⁹唱着歌
还有身边这条黄河⊕

‖我家住在黄土高坡，日头从坡上走过
照着我的窑洞¹⁰，晒着我的胳膊
还有我的牛跟着我‖ D.S.1

⊕
‖我家住在黄土高坡，四季风从坡上刮过
不管是八百年还是一万年
%2
都是我的歌，我的歌‖ D.S.2

연주순서 AAA BC C B DE DE E

🎵 좀 복잡한 악보 공부 🎵
도돌이표에 3times 또는 x3 표시는
그 구간을 세 번 연주하라는 의미.
달세뇨가 여러 개 나오면 숫자를 붙여
구분하기도 합니다.
달세뇨 반복 중에 코다(⊕)가 나오면
다음 코다 있는 곳으로 점프합니다

 1)黄土高坡 Huángtǔ Gāopō 산비탈의 황토밭 2)风格 fēnggé 명 풍격, 품격 3)风靡一时 fēngmǐ yīshí 성 한 시대를 풍미하다. 4)引发 yǐnfā 동 (흥미를)자아내다. 5)歌坛 gētán 명 가요계, 상악계 6)勇往直前 yǒngwǎng-zhíqián 성 용감하게 앞으로 나아가다. 7)开拓 kāituò 동 개척하다. 뚫다. 8)祖祖辈辈 zǔzǔ-bèibèi 명 조상 대대 9)一望无际 yīwàng-wújì 성 일망무제, 아득히 넓어서 끝이 없다. 10)窑洞 yáodòng 명 동굴집, 토굴집

读一读 읽어보자

望庐山瀑布　　　망여산 폭포 (여산 폭포를 바라보며)
　[唐]李白　　　　　[당]이백

日照香炉生紫烟，　태양이 비추는 향로봉에 자색 안개 피어나고,
遥看瀑布挂前川。　멀리서 보니 폭포는 시냇물을 걸어 놓은 듯 하네.
飞流直下三千尺，　물줄기가 삼천 척 아래로 날아 내리는데,
疑是银河落九天。　하늘 아래로 떨어지는 은하수가 아닐까 싶구나.

注释

香炉 xiānglú　향로봉을 가리킴.

紫烟 zǐ yān　자색의 운무

直 zhí　똑바로

三千尺 sān qiān chǐ　과장된 표현으로 매우 높은 것을 나타냄.

九天 jiǔtiān　가장 높은 하늘

请读一读上面这首古诗，并说一说你印象最深刻的一处自然景观？

한시 감상 포인트

이백(李白 701년-762년), 자는 태백(太白), 호는 청련거사(青莲居士) 또는 적선인(谪仙人), 당대의 위대한 낭만주의 시인으로, 후대에 '시선(诗仙)'으로 불리며, 두보와 함께 '이두(李杜)'라고 불린다. 현재 시문 천여 편이 있으며, 〈이태백집 李太白集〉 30권이 있다. 이백의 대표작으로는 〈망여산폭포 望庐山瀑布〉〈행로난 行路难〉〈촉도난 蜀道难〉〈장진주 将进酒〉〈조발백제성 早发白帝城〉 등 다수가 있다.

이백은 음주와 시 짓기, 널리 친구 사귀는 것을 좋아한다고 했는데, 그의 절친한 친구 두보는 일찍이 '이백두주시백편(李白斗酒诗百篇)'이라는 시구를 지었다. 이백의 시는 자연 경치를 많이 묘사하고, 작품의 성격이 호탕하고 참신하며, 상상력과 낭만주의 정신이 풍부하다. 후세의 유명한 시인 한유(韩愈), 맹교(孟郊), 소식(苏轼) 육유(陆游) 등은 모두 그의 영향을 많이 받았다. 시 외에도 이백은 산문, 서예, 검술 등의 방면에서도 조예가 매우 깊었다. 이 〈망여산폭포〉는 서기 725년 전후에  이백이 금릉(金陵)을 유람하는 중, 여산 초행길에 지은 것이다. 이 시는 웅장하고 아름다운 여산 폭포의 경치를 묘사하였으며, 조국의 아름다운 산하에 대한 시인의 무한한 사랑을 반영하였다. 이 시는 일찍이 중국 초등학교 국어 교과서에 수록되었다.

练一练 연습해보자

1 请把下列A组词和B组词恰当的搭配用线连接起来

A	B		A	B
宏伟的 ·	· 悠久		山青 ·	· 水秀
历史 ·	· 溪水		气势 ·	· 甲天下
场面 ·	· 陶醉		上有天堂 ·	· 非好汉
令人 ·	· 壮观		桂林山水 ·	· 下有苏杭
清澈的 ·	· 建筑		不到长城 ·	· 磅礴

2 请选择下列词语填空

A. 气势磅礴　　B. 历尽沧桑　　C. 陶醉　　D. 被誉为　　E. 茂密

① 卢沟桥¹像一位_____的老人，静静地见证²着北京城的变迁。

② 我走在_____的树林下，呼吸着新鲜的空气，心情也变得轻松了。

③ 公园里百花盛开，风景如画，令人_____。

④ 蓬莱³是中国著名的旅游城市，这里因经常出现海市蜃楼⁴奇观而_____"人间仙境"。

⑤ 黄果树瀑布位于中国贵州省，是世界上著名大瀑布之一，今天一见，果然是_____。

1)卢沟桥 Lúgōu Qiáo 노구교(중일 전쟁의 발생지, 천안문 서남쪽 16km 정도에 위치) 2)见证 jiàn zhèng 동 증명할 수 있다. 3)蓬莱 Pénglái 산동성에 있는 도시 이름 4)海市蜃楼 hǎishì-shènlóu 성 신기루, 공중누각

3 请将学过的正确常用语写在横线上

① HSK6级考试我已经考过好几次了，都没有通过，不过，_____，我一定会坚持到底的。

② 自从朋友去中国旅游回来以后，每次约他去爬山他都说"_____"，原来是把中国宏伟壮观的山都爬遍了啊！

③ 都说赚钱难，就如"_____"，可是你花钱怎么这么大手大脚[1]呢？

4 请自由回答下列问题

① 韩国的象征是什么？

② 请说一说韩国的登山文化。

1) 大手大脚 dàshǒu-dàjiǎo [성] 돈을 물 쓰듯 하다. 손이 크다.

> 看一看 보자

中国的五岳

五岳是中国汉文化中五大名山的总称,包括东岳泰山、西岳华山、南岳衡山、北岳恒山和中岳嵩山。

东岳泰山位于山东省泰安市,海拔1545米,泰山曾经是封建帝王受命于天的象征,也是封建帝王封禅[1]和祭祀的地方。西岳华山位于陕西省华阴市,海拔2154.9米。南岳衡山位于湖南省衡阳市,海拔1300.2米。北岳恒山位于山西省大同市浑源县,海拔2016.1米。中岳嵩山位于河南省登封市,海拔1491.71米。

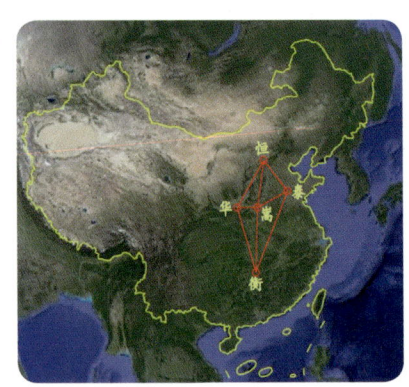

制作:三维地图看世界

俗话说:"五岳归来不看山"。五岳各具特色,泰山雄、华山险、衡山秀、恒山幽、嵩山峻。也有"泰山如坐,华山如立,衡山如飞,恒山如行,嵩山如卧"的说法。现在,五岳以其独特的自然景观和古老的文化魅力吸引着全世界的游人。

泰山

1) 封禅 fēngshàn 봉선: 고대에 제왕이 태산(泰山)에 올라 하늘에 제를 지내는 걸 봉(封)이라 부르고 땅에 제를 지내는 것을 선(禅)이라 불렀는데 요즘은 모든 제사 의식을 의미한다.

중국의 오악

　오악은 중국 한문화에서 오대 명산을 총칭하여, 동악 태산, 서악 화산, 남악 형산, 북악 항산과 중악 숭산을 포함한다.

　동악 태산은 산둥성 타이안시에 자리잡고 있으며, 해발 1545m이다. 태산은 일찍이 봉건 제왕이 하늘의 명을 받은 상징이었고, 봉건 제왕이 봉선하고 제사를 지내는 곳이기도 하다. 서악 화산은 산시(陝西)성 화인시에 위치하고 있으며, 해발 2145.9m이다. 남악 형산은 후난성 헝양시에 있으며, 해발 1300.2m이다. 북악 항산은 산시(山西)성 다퉁시 훈위안현에 있으며, 해발 2016.1m이다. 중악 숭산은 허난성 덩펑시에 있으며, 해발 1491.71m이다.

　속담에 "오악을 보고 나면 다른 산을 볼 필요가 없다"는 말이 있다. 오악은 각각 특색을 가지고 있는데, 태산은 웅장하고, 화산은 험준하고, 형산은 수려하고, 항산은 깊고, 숭산은 가파르다. 태산은 앉은 듯하고 화산은 선 듯하며, 형산은 나는 듯하고 항산은 걷는 듯하며 숭산은 누운 듯하다는 표현도 있다. 현재 오악은 독특한 자연 경관과 오래된 문화적 매력으로 전 세계의 관광객들을 매료시키고 있다.

嵩山

华山

改一改 고쳐보자

我这个月去了中国东北。首先，我去了哈尔滨。哈尔滨是很大的城市。防洪胜利纪念塔是哈尔滨的象征。松花江被誉为哈尔滨市民的好源。（母亲河）老道外有很悠久的坚固建筑。

第二天我去了731部队遗址。那里虽然有很多游客，但是寂静包围着。（731部队遗址还是被）大家都在战争的残酷沉浸忘了该说的话。进修后我们去了渤海遗址。那个地方有宏伟的城址。（墙遗）

最后一天我们去了山清水秀的长白山。山顶上人山人海，观赏着清澈的天地。（池）我年轻时我头发很茂密，历尽沧桑后头发就不见了。我想住在世外桃源，那个地方没有作业。

第五课 桂林山水甲天下

第六课

清官难断家务事

공정하고 청렴한 관리라도 집안일을
잘 처리하기 어렵다

聊一聊
이야기해보자

1. 你在家做家务吗?
2. 你对你现在的生活满意吗?

开门七件事:柴米油盐酱醋茶 chái-mǐ-yóu-yán-jiàng-cù-chá

家务事 jiāwùshì   家庭主妇 jiātíng zhǔfù

上班族 shàngbānzú   养家糊口 yǎngjiā-húkǒu

学一学
배워보자

1. 抽屉 chōuti 명 서랍

拉抽屉 / 锁抽屉 / 翻抽屉

- 孩子们常把日记本锁在抽屉里，以免被父母发现。
- 妈妈生日的那天，为了给她一个惊喜，我悄悄地把礼物放在她房间的抽屉里。

2. 台灯 táidēng 명 탁상등, 전기 스탠드

台灯的样式 / 台灯的光线 / 台灯的开关 / 打开台灯 <-> 关上台灯

- 台灯的光线应该柔和一些，否则会影响视力。
- 我想打开舍友的台灯，但没找到开关，原来那是声控[1]开关。

3. 窗帘 chuānglián 명 커튼, 블라인드

拉窗帘 / 挂窗帘 / 洗窗帘 / 做窗帘

- 我住在一楼，所以回家第一件事就是拉上窗帘。
- 她家的客厅里挂着一幅水墨画[2]图案的窗帘，漂亮极了。

4. 地毯 dìtǎn 명 카펫, 양탄자

铺地毯 / 地毯的尺寸 / 地毯式搜索

- 秋高气爽的时节，大片的庄稼都成熟了，像给大地铺上了金色的地毯。
- 为了尽快抓到那个犯罪嫌疑人，警察展开了地毯式搜索[3]。

1) 声控 shēngkòng 형 소리로 제어하는 2) 水墨画 shuǐmòhuà 명 수묵화 3) 地毯式搜索 dìtǎn shì sōusuǒ 물샐틈없는 수색

学一学   배워보자

5 水龙头 shuǐlóngtóu 몡 수도꼭지

金属水龙头 / 塑料¹水龙头 / 拧水龙头 / 修水龙头

- 水龙头没有拧紧的话，会浪费很多水。
- 我家的水龙头坏了，自己怎么修也没修好，最后找来专业修水龙头的师傅，人家几分钟就修好了。

6 隔壁 gébì 몡 이웃, 이웃집, 옆집

住在隔壁 / 隔壁的邻居

- 我跟隔壁的邻居相处得特别好，经常互相帮助，像一家人一样。
- 我就住在隔壁，有事的话，随时叫我。

7 家务 jiāwù 몡 집안일

做家务 / 分担家务 / 家务活儿 / 家务事

- 那些真正聪明的男人，他们才不会总是对家务活儿袖手旁观²，他们会主动和女人一起分担家务。
- 家务活儿不是什么大事，可是，总是什么时候做什么时候有。

摄影：宋歌

8 温馨 wēnxīn 형 온화하고 향기롭다. 따스하다.

场面温馨 / 气氛温馨 / 温馨的花园 / 温馨的记忆

- 婚礼前，我们去参观他们的新房，新房布置³得又温馨又浪漫，好羡慕啊！
- 那个小女孩儿做完手术，刚刚醒过来，她轻轻地拉着她的主治医生⁴的手，场面温馨，令人感动。

 1)塑料 sùliào 몡 가소성 고분자 화합물(플라스틱, 비닐, 셀룰로이드의 총칭) 2)袖手旁观 xiùshǒu-pángguān 성 수수방관하다. 남의 일에 관여하지 않다. 3)布置 bùzhì 동 배치하다. 꾸미다. 장식하다. 4)主治医生 zhǔzhì yīshēng 몡 주치의, 담당 의사

9 **和睦** hémù 혱 화목하다.

家庭和睦 / 邻里和睦 / 和睦相处

- 一般来说，婆媳¹关系的好坏是家庭和睦的关键。
- 他的性格非常急躁²，同事们很难跟他和睦相处。

10 **艰苦** jiānkǔ 혱 고달프다. 힘들고 어렵다.

环境艰苦 / 条件艰苦 / 艰苦的生活

- 干旱地区的夏天骄阳似火，人们生活的环境非常艰苦。
- 建筑工人大部分时间在室外工作，工作条件十分艰苦。

11 **披星戴月** pīxīng-dàiyuè 셩 달빛을 이고 별빛을 받으며 밤길을 재촉하다(새벽부터 밤늦게까지 부지런히 일하다).

早出晚归 / 通宵达旦 / 昼夜兼程

- 环卫工人总是在人们夜晚睡觉的时间清扫街道，披星戴月，非常辛苦。
- 最近爸爸很忙，每天在公司披星戴月地加班，我很担心他。

摄影: 박혜진

12 **一贫如洗** yīpín-rúxǐ 셩 아주 가난하다.

一无所有 / 身无分文 / 贫困交加 / 捉襟见肘 / 倾家荡产

- 一场大地震过后，当地的灾民一下子变得一贫如洗。
- 本来他生活得很富足，但是，近几年迷上了赌博³，把钱都输光了，现在一贫如洗。

1)婆媳 póxí 몡 시어머니와 며느리 2)急躁 jízào 혱 성미가 급하다. 3)赌博 dǔbó 동 도박하다. 노름하다.

学一学
배워보자

13 无忧无虑 wúyōu-wúlǜ 囵 아무런 근심 걱정이 없다.

毫无忧虑 / 高枕无忧 / 无牵无挂

- 我非常怀念我的儿童时代，那时无忧无虑，真好！
- 妈妈为了让我无忧无虑地生活，每天披星戴月地工作。

14 苦中作乐 kǔzhōng-zuòlè 囵 고생 중에 즐거움을 찾다.

以苦为乐 / 以苦作乐 / 自得其乐

- 这项工作非常辛苦，但是只要我们能以苦作乐，最后一定能够取得成功。
- 生活中难免遇到这样那样的困难，我们要学会苦中作乐，乐观地面对生活。

15 安居乐业 ānjū-lèyè 囵 편안하게 살며 즐겁게 일한다.

丰衣足食 / 国泰民安 / 民不聊生¹

- 那个国家治理得很好，百姓们安居乐业，生活得非常幸福。
- 改革开放以后，中国经济发展很快，人们过上了安居乐业的生活。

1)民不聊生 mínbùliáoshēng 囵 백성이 안심하고 살아갈 수 없다.

 请用所学的词语说一说

* **你会做什么菜？做得怎么样？**

  参考词语： 家务、温馨、和睦、安居乐业、无忧无虑

* **如果生活很艰苦，怎么样做才能苦中作乐？**

  参考词语： 隔壁、抽屉、窗帘、一贫如洗、披星戴月

谈一谈
토론해보자

关于生活的常用语

1) 清官难断家务事。

🔍 공정하고 청렴한 관리라도 집안일을 잘 처리하기 어렵다.

💬 외부인이 집안 내부 일의 구체적인 원인을 밝히기는 어렵기 때문에 판단을 내리기 힘들다는 것을 나타낸다. 유능하고 청렴한 관리도 남의 가정일은 판단하기 어려운데 하물며 일반인이 남의 집안일에 왈가왈부할 수 있겠냐(하지 마라)라는 뜻으로도 쓰인다.

출처:《喻世明言》第十卷 - [明]冯梦龙

💬 비슷한 속담
- 남의 집 제사상에 감 놔라 대추 놔라 하지 마라.

→ 住在我隔壁的那家又吵架了，可是，清官难断家务事，我也没有办法管。

→ 朋友总是向我抱怨他的妻子和他的妈妈关系不好，清官难断家务事，我能说什么呢？

2) 不当家不知柴米贵；不生子不知父母恩。

🔍 집안일을 하지 않으면 쌀이 비싼 줄 모르고, 자식을 낳지 않으면 부모의 은혜를 모른다.

💬 생활에서 많은 일들이 내가 생각한 것만큼 쉽지 않다. 일을 직접 해 본 후에야 비로소 말할 수 있다.

→ 我以前一直过着无忧无虑的生活，去年结了婚以后才发现"不当家不知柴米贵"啊，所以，我比以前节省多了。

→ 她生了孩子以后，变得对父母特别孝顺，真是不生子不知父母恩啊！

摄影：宋歌

98　第六课　清官难断家务事

③ 不听老人言，吃亏在眼前。

🔍 노인(어른)의 말을 듣지 않으면, 눈앞에서 손해를 본다.
　　노인의 말이나 충고는 오랜 경험에서 나온 것으로, 대부분 옳은 말이다. 만약 듣지 않는다면, 곧 현실이 너에게 교훈을 주고, 손해를 보게 할 것이다.

💬 비슷한 속담
　▫ 어른 말을 들으면 자다가도 떡이 생긴다.

➲ 奶奶常常告诉我不要轻易相信别人，我一直没放在心上，这次被人骗了以后才后悔，我真是 "不听老人言，吃亏在眼前" 啊。

➲ 妈妈总是对他说："平时就应该努力学习，不要到了考试前才学习"。可他不听，结果这次考试没考好，真是不听老人言，吃亏在眼前。

④ 世上无难事，只怕有心人。

🔍 세상에 어려운 일은 없다, 뜻있는 사람을 두려워할 뿐이다.
　　어려운 일이 뜻있는 사람을 두려워한다는 의미로, 하고자 하는 마음이 있는 사람은 세상의 어떤 어려움도 이겨낼 수 있다. 즉, 뜻이 있으면 못할 게 없다는 말이다.
　　　　　　　　　　　　　　　출처:《西游记》第二回 － [明]吴承恩

💬 비슷한 속담
　▫ 天下无难事，只要肯登攀。
　▫ 뜻이 있는 곳에 길이 있다.

➲ 生活中经常会遇到各种各样的困难，不过，世上无难事，只怕有心人，只要用心[1]去做，就没有什么做不成的。

➲ 听说这次报考公务员的人很多，录取比例是100:1，我真是担心啊。不过，我相信：世上无难事，只怕有心人。我拼命地准备，一定会成功的。

1) 用心 yòngxīn 형 마음을 쓰다. 심혈을 기울이다.

谈一谈
토론해보자

5) 远亲不如近邻。

🔍 먼 친척보다 가까운 이웃이 낫다.

급한 일을 만나 도움이 필요할 때, 먼 친척은 가까운 이웃만큼 제때 도움을 주지 못함을 가리킨다. 동시에 이 말은 평상시 이웃 간의 교류는 먼 친척보다 많아 이웃 간의 정이 먼 친척보다 더 깊다는 것을 가리키기도 한다. 이웃 간의 두터운 관계를 나타내는 따듯한 느낌을 주는 말이다.

- 他们家突然着火了，幸亏周围的邻居们都来帮助灭火，他们家才平安无事。真是"远亲不如近邻"啊。
- 邻里之间抬头不见低头见，应该好好相处，远亲不如近邻嘛。

请在上边5个常用语中选择一个谈一谈你的看法

唱一唱
노래 부르자

《真心英雄》这首歌收录在1993年滚石唱片发行的合辑《滚石九大天王纵夏欢唱十二出好戏》中，由众多明星合唱。这是一首激励[1]人们积极向上的励志[2]歌曲，"不经历风雨，怎么见彩虹，没有人能随随便便成功"，表达了人们在生活中对困难的无畏和对理想的追求。

真心英雄

作词：李宗盛 作曲：李宗盛 演唱：成龙、周华健、黄耀明、李宗盛

在我心中，曾经有一个梦
要用歌声让你忘了所有的痛
灿烂星空，谁是真的英雄
平凡的人们给我最多感动
再没有恨，也没有了痛
但愿人间处处都有爱的影踪[3]
用我们的歌，换你真心笑容
祝福你的人生从此与众不同⊕

把握生命里的每一分钟
全力以赴[4]我们心中的梦
不经历风雨，怎么见彩虹
没有人能随随便便成功

⊕
%1.2
把握生命里每一次感动
和心爱的朋友热情相拥

%3
让真心的话和开心的泪
在你我的心里流动[5] D.C D.S.1.2.3

🎵 조금씩 머리 아파지는 음악 공부 🎵
다카포(D.C)라는 반복 기호가 나오면 곡의 처음으로 갑니다..
달세뇨와 마찬가지로 코다(⊕)를 만나면 다음 코다로 점프합니다.
D.C와 D.S 같은 위치에 있으면 D.C가 우선입니다. D.S.1.2.3은 D.S.1~3
세개가 겹쳐있는 것이고 각각 해당 세뇨(%)로 점프합니다.

 1)激励 jīlì 동 격려하다. 2)励志 lìzhì 동 스스로 분발하다. 3)影踪 yǐngzōng 명 흔적, 자취 4)全力以赴 quánlìyǐfù 성 전력투구하다. 5)流动 liúdòng 동 유동하다.(기체나 액체가)흐르다.

读一读
읽어보자

游山西村
[宋] 陆游

유산서촌 (산서촌을 거닐며)
[송] 육유

莫笑农家腊酒浑，	농가의 납주가 탁하다고 웃지 마라,
丰年留客足鸡豚。	풍년이라 손님을 머무르게 하여도 닭과 돼지는 넉넉하오.
山重水复疑无路，	첩첩산중 강 건너 또 강이기에 길이 없을 줄 알았는데,
柳暗花明又一村。	버드나무 푸르고 꽃이 한창인 마을이 또 있네.
箫鼓追随春社近，	피리 불고 북 치니 봄 제사가 가까워졌고,
衣冠简朴古风存。	의관은 간단하고 소박하니 옛 모습 남아있네.
从今若许闲乘月，	지금부터 한가한 달구경 허락하신다면
拄杖无时夜叩门。	지팡이 짚고 무시로 찾아와 밤에라도 문을 두드리겠소.

注释

腊酒 là jiǔ 섣달에 빚은 술

春社 chūn shè 입춘 후 다섯째 무일을 가리키며, 그날은 토지신과 오곡신에게 오곡이 풍성하게 되기를 기원한다.

若许 ruò xǔ 그렇다고 한다면

无时 wú shí 정해진 시간이 아닌 임의의 시간, 편한 시간

请读一读上面这首古诗，并说一说你向往的生活是什么样的。

第六课 清官难断家务事

한시 감상 포인트

육유(陆游 1125년-1210년), 호는 방옹(放翁), 월주 산음(越州山阴 지금의 저장성 샤오씽시 浙江绍兴) 사람, 송나라 애국 시인, 사인(词人), 현재 시 9300여 편이 전해진다. 육유는 중국 문학사상 가장 많은 시를 남긴 시인으로, 그의 시는 사상과 예술 모두에서 탁월한 성과를 거두었으며, 중국 문학사에서 높고 고상한 입지로 "작은 이백"이라고 불린다.

이 〈유산서촌〉은 송효종(宋孝宗) 건도3년(1167)에 지었는데, 당시는 국가 전란이 끊이지 않았고, 육유는 조정의 투항파(投降派)에게 배척당해, 파관되어 귀향해 있었다. 그는 비록 낙담한 심정이었으나, 한적한 농촌 생활에서 국가의 미래와 희망을 보았다.

이 시는 강남 산촌의 수려한 자연 경치와 순박한 촌민들의 풍속을 묘사하였으며, "첩첩산중 강 건너 또 강이기에 길이 없을 줄 알았는데, 버드나무 푸르고 꽃이 한창인 마을이 또 있네"라는 시구절로 행복하고 화목한 장면을 표현하였으며, 동시에 작가의 애국 감정을 나타냈다. 요즘 사람들은 이런 상황을 늘 이 시로 표현한다. 많은 어려움에 직면했을 때 계속 나아간다면, 우여곡절 끝에 결국 버드나무 푸르고 꽃이 한창인 마을을 만날 것이다.

练一练
연습해보자

1 请把下列A组词和B组词恰当的搭配用线连接起来

A • ------- • B

铺 • • 地毯
隔壁的 • • 温馨
场面 • • 艰苦
家庭 • • 邻居
条件 • • 和睦

A • ------- • B

披星 • • 作乐
苦中 • • 家务事
安居 • • 戴月
清官难断 • • 不如近邻
远亲 • • 乐业

2 请选择下列词语填空

A. 一贫如洗　B. 水龙头　C. 安居乐业　D. 隔壁　E. 披星戴月

① 小王和我是好朋友，也是邻居，他就住在我的_____。

② 我家的_____坏了，总是在滴水，得赶快找人来修了。

③ 小刘为了准备公务员考试，每天都是_____地学习，可是还是落榜¹了。

④ 本来这个家庭就是_____，可是父亲突如其来²的癌症让这个家庭更是雪上加霜³。

⑤ 虽然持久⁴的战争让这个国家的百姓无法_____，可是人们从未放弃过希望。

 1)落榜 luòbǎng 동 낙방하다. 시험에서 떨어지다. 2)突如其来 tūrú-qílái 성 갑자기 발생하다. 뜻밖에 나타나다. 3)雪上加霜 xuěshàng-jiāshuāng 성 설상가상, 엎친 데 덮치다. 4)持久 chíjiǔ 형 오래 지속되다.

3 请将学过的正确常用语写在横线上

① 上班以后，突然下起了大雨，她想起院子里晾[1]着的被子，心想：糟了！可是晚上回家后发现，隔壁的邻居帮她把被子收起来了。 真是"_____"啊。

② 父母把他养育成人，还供他出国读书，可是出国后，他却20年没有跟父母联系过，问他理由，他却说："_____。"

③ 谈恋爱的时候，他们俩就总是吵架，双方父母都不同意他们结婚，说："_____，你们这样性格不合的人，结婚以后是不会幸福的。"

4 请自由回答下列问题。

① 如果你可以在中国住一段时间，你想住在哪里？为什么？

② 你觉得什么样的生活是无忧无虑的生活呢？

1) 晾 liàng 동 (햇볕을)쪼이다. (그늘이나 바람에)말리다.

看一看 보자

在中国家务活儿由谁来承担？

在中国，也曾有过"男主外，女主内"的时代，那时，女人的地位不如男人高，家务活儿也基本上都是由女人承担¹的。新中国成立以后，主张男女平等，女人和男人一样需要学习和工作，因此，结婚以后，大部分家庭是双职工²家庭。由于夫妻二人都是上班族，上下班和休息的时间几乎都一样，那么，家务活儿自然也就共同承担了。

虽然家务活儿由谁来承担没有一定之规，不过，一般来说，谁在家的时间多一些，谁承担的家务活也就多一些。可以这么说，大部分的中国男人和女人一样，买菜、做饭、打扫、洗衣服什么的，样样精通³。因此，在家里，看到男人们戴着围裙⁴做饭炒菜是件很平常的事情；在菜市场，看到男人们与商贩⁵讨价还价也不足为怪⁶；在小区里，看到男人们带着孩子嬉戏⁷玩耍也并不稀奇⁸。有些家庭，甚至男人比女人承担的家务更多一些呢，这应该也体现了丈夫对妻子的爱更多一些吧！

摄影：김승해
〈2014년 강원대학교 공자아카데미
사진 공모전 2등상〉

1)承担 chéngdān 동 맡다. 담당하다. 2)双职工 shuāngzhígōng 명 맞벌이 부부 3)精通 jīngtōng 동 정통하다. 4)围裙 wéiqún 명 앞치마 5)商贩 shāngfàn 명 장사꾼 6)不足为怪 bùzúwéiguài 성 이상할 게 없다. 7)嬉戏 xīxì 동 장난하다. 놀다. 8)稀奇 xīqí 형 진귀하다. 드물다.

중국에서는 집안일을 누가 담당해?

　중국에서도 이전에 "남자는 밖에서 일하고 여자는 집안일을 한다"는 시대가 있었다. 그때는 여자가 남자보다 지위가 낮았고 집안일도 기본적으로 여자가 도맡았다. 신중국 창립 이후 남녀평등을 주장하며 여자는 남자처럼 공부를 하고 일을 해야 했기 때문에 결혼 이후 대부분의 가정은 맞벌이 가정이었다. 부부가 모두 직장인이라 출퇴근과 휴식 시간이 거의 같기 때문에 자연스럽게 집안일도 함께 맡게 되었다.

　집안일을 누가 맡느냐에 정해진 규칙은 없지만, 일반적으로 집에 있는 시간이 많은 사람이 집안일도 많이 하게 된다. 대부분의 중국 남자들은 여자들과 마찬가지로 장보기, 요리하기, 청소하기, 빨래 등에 능통하다고 말할 수 있다. 그래서 집에서 남자들이 앞치마를 두른 채 요리하고 음식을 만드는 걸 보는 것은 흔한 일이다. 채소 시장에서 남자들이 상인들과 가격 흥정하는 걸 보는 것도 이상할 일이 아니다. 동네에서 남자들이 아이들을 데리고 장난치며 노는 것도 결코 이상한 일이 아니다. 심지어 어떤 집에서는 남자가 여자보다 집안일을 더 많이 한다. 이것은 아내에 대한 남편의 사랑이 그만큼 더 크다는 걸 보여주는 것이기도 하다.

摄影：马小雨

제6과 공정하고 청렴한 관리라도 집안일을 잘 처리하기 어렵다

改一改 고쳐보자

《我的~~自己做饭~~合租生活》→ 码根据例.

大学时我在学校附近和学校社团的朋友们一起~~自己做饭~~合租。我们每天有计划地分担家务。一个人做饭，一个人洗碗，一个人打扫房间，另一个人休息什么的。这样，我们四个人在一个房间里一起生活了很长时间。

因为我们都是工科生，修台灯，修水龙头什么的，没有什么问题。可是抽屉里乱七八糟的，窗帘很脏。所以~~一年里买，再说~~教我会在期中考试，期末考试之前~~我们~~做大扫除。

大扫除~~那天~~一个星期前，我们在学校社团室墙上贴一张墙~~报~~公告。"池河房几月几号要大扫除所以别来玩儿"。这是因为我们曾经把~~自己~~合租~~做饭~~的房间叫"池河房"，因为池河房离学校很近，所以很多社团的人来玩儿、喝酒、睡觉。

到了大扫除的当天，有的人带来吃的、喝的，有的人来一起打扫，洗衣服。回"洗好的衣服"把洗衣服晾在家附近绳子上。我们四个人的三个月~~期间~~没洗的衣服非常多。所以附近市场的阿姨们来抗议"你们晾这么多，我们怎么~~那~~晾衣服"。晾 l;ang 많아서 있을이 없어. 绳 shǒng 끝도 없.

这样的~~自己做饭~~合租生活虽然有的时候很艰苦，但是现在再想起来是好像无忧无虑的~~时间~~一段时间。我老婆是当时经常来池河房玩儿的女人之一。

她偶尔抱怨说现在："因为我觉得你会好好帮助我做家务所以才和你结婚的，没想到你对家务这样~~不关心~~敷衍"。

第七课
君子一言驷马难追

군자가 한번 내뱉은 말은
사두마차로도 따라잡기 힘들다

聊一聊
이야기해보자

1. 你是什么性格的人？
2. 你性格中的优点和缺点是什么？

性格 xìnggé　　　烦人 fánrén

外向 wàixiàng　　内向 nèixiàng

慢性子 mànxìngzi　急性子 jíxìngzi

优点 yōudiǎn　　　缺点 quēdiǎn

学一学
배워보자

1 乐观 lèguān 형 낙관적이다.

<-> 悲观 / 态度乐观 / 乐观的人生 / 保持乐观 / 不容乐观

- 虽然生活中会遇到这样或那样的困难，但是我们都应该**保持乐观**的态度。
- 虽然手术很成功，但术后出现了感染[1]，情况**不容乐观**。

2 开朗 kāilǎng 형 (생각, 성격이)낙관적이다, 명랑하다. 유쾌하다.

性格开朗 / 豁然开朗

- 她**性格**很**开朗**，常常给身边的人带来欢笑[2]。
- 我今天本来心情不好，但是，一个好朋友来跟我聊天儿，听了她的话以后，我的心中**豁然开朗**。

摄影：万红

3 随和 suíhe 형 (남과) 사이 좋게 지내다. (태도, 성격이)부드럽다, 상냥하다.

态度随和 / 语气随和

- 那位教授学识渊博[3]，**态度**也很**随和**，学生们都很喜欢他。
- 昨天跟科长通话的时候吵架了，今天我打电话向她道歉，听到她的**语气**很**随和**，我知道她已经消气了。

4 真诚 zhēnchéng 형 진실하다. 성실하다. 참되다.

<-> 虚伪[4] / 态度真诚 / 真诚相待 / 真诚合作

- 人与人要**真诚相待**，用真心换真心，这样才能保持良好的关系。
- 我们公司愿与贵公司**真诚合作**，共同创造美好的未来。

 1)感染 gǎnrǎn 동 감염되다. 전염되다. 2)欢笑 huānxiào 동 즐겁게 웃다. 환하게 웃다. 3)渊博 yuānbó 형 학식이 깊고 넓다. 해박하다. 4)虚伪 xūwěi 형 허위적이다. 위선적이다.

제7과 군자가 한번 내뱉은 말은 사두마차로도 따라잡기 힘들다

学一学
배워보자

⑤ **老实** lǎoshi 휑 솔직하다. 성실하다.

老实人 / 老老实实 / 忠诚老实

- 他是个老实人，不会说谎骗人，你可以相信他。
- 你感冒这么严重，今天就老老实实地呆在家里，好好休息休息。

⑥ **佛系** fó xì 세상일에 휘둘리지 않고 자신만의 삶을 살아가는 태도

佛系爸妈 / 佛系人生

- 一般来说父母对孩子要求都很严格，但是，也有一些佛系爸妈，对孩子不生气，不打骂，也没有过多的期待。
- 最近，网络上很流行"佛系"这个词，什么"佛系粉丝[1]、佛系好友、佛系员工"等等，用来指那些对自己要求不高，对他人宽容、友好的人。

⑦ **暴躁** bàozào 휑 (성미가)거칠고 급하다.

性格暴躁 / 脾气暴躁 / 暴脾气 / 驴脾气[2]

- 他性格暴躁，经常因为一点儿小事跟别人大喊大叫[3]。
- 那个人驴脾气一上来，谁的话也不听，想干什么就干什么。

⑧ **矫情** jiáoqing 동 억지 부리다. 떼를 쓰다. (어린아이처럼)투정을 부리다.

过于[4]矫情 / 矫情人

- 为了买一条牛仔裤，我们都逛了一下午了，我看，你别那么矫情了，差不多买一条就行了。
- 那位女科长就是个矫情人，每项工作都得反复好几次，在她手底下工作可真不容易。

1)粉丝 fěnsī fans(팬들)의 음역어 2)驴脾气 lǘ píqì (동북 지역 방언) 고집불통 3)大喊大叫 dà hǎn dà jiào 큰소리로 부르짖다. 대대적으로 선전하다. 4)过于 guòyú 부 지나치게, 너무

9 纠结 jiūjié 동 서로 뒤엉키다. 고민되다.

> 纠结于~ / 内心纠结 / 陷入纠结 / 闹心

- 我们常常被一些生活琐事[1]困扰[2]，尤其是女人的纠结病更厉害，纠结背什么包包[3]，纠结什么衣服搭配什么鞋子，总是站在衣柜前纠结半个小时。
- 很多情况下，之所以[4]很纠结，也许很大程度上是因为[4]我们对自己不够有信心，害怕选错，害怕吃"后悔药"。

10 计较 jìjiào 동 따지다. 문제 삼다. 언쟁하다. 의논하다.

> 计较金钱 / 计较得失 / 计较输赢 / 斤斤计较

- 周老师经常主动承担学院的工作，花了不少时间和精力，也没有得到奖金，可是她从来不计较个人得失。
- 朋友们一起踢足球就是为了锻炼身体，不必计较输赢。

11 情绪化 qíngxù huà 감정적이다. 격앙되다.

> 情绪化严重 / 克服情绪化

- 我知道自己是一个很情绪化的人，常受周围的人和事的影响，以后一定注意调整[5]自己的情绪。
- 我们遇事一定要保持冷静，因为情绪化会影响我们的判断力。

12 一丝不苟 yīsī-bùgǒu 성 조금도 소홀하지 않다. 꼼꼼하다.

> 尽心尽力 / 小心翼翼 / 小心谨慎

- 考试的时候一定要一丝不苟、仔细检查，这样才能取得好成绩。
- 由于他工作认真负责，一丝不苟，很快升了职。

1) 琐事 suǒ shì 자질구레한 일, 번거로운 일, 잡일 2) 困扰 kùnrǎo 동 귀찮게 하다. 괴롭히다. 시달리게 하다. 3) 包包 bāobāo 가방(여자들이 가방을 귀엽게 부르는 말) 4) 之所以A, 是因为B A인 이유는 B 때문이다. 5) 调整 tiáozhěng 동 조정하다. 조절하다.

学一学
배워보자

13 深思熟虑 shēnsī-shúlǜ 셍 심사숙고하다.

再三考虑 / 深谋远虑 /

冥思苦想 / 三思而(后)行[1]

- 他做事一向[2]小心谨慎，不经过深思熟虑不会轻易做决定，因此，他很少有失误。
- 现在整个行业都不景气，你还要辞职去创业？还是三思而后行吧！

14 自暴自弃 zìbào-zìqì 셍 자포자기하다.

不求上进 / 不思进取 / 自甘堕落

- 虽然最近我们比赛总是输，但是，只要我们不自暴自弃，一丝不苟地训练，一定会赢的。
- 为什么当下越来越多的年轻人把自暴自弃当做洒脱[3]和个性的表现，甚至还引以为傲？受网络文化的影响还是时代性格的特征呢？

15 自以为是 zìyǐwéishì 셍 스스로 옳다고 여기다. 자기만 옳다고 여기다. 독선적이다.

自作聪明 / 自高自大 / 一意孤行

- 我们应该谦虚，多向别人学习，不能自以为是。
- 他刚进那家公司工作，经验还不足，但是他总是自以为是，不听老板和同事的意见，结果被开除[4]了。

---

1) 三思而(后)行 sānsī'ér(hòu)xíng 셍 세 번 생각한 다음 행동하다. 심사숙고하고 나서 행동하다.
2) 一向 yīxiàng 부 줄곧, 내내 3) 洒脱 sǎtuo 형 소탈하다. 대범하다. 4) 开除 kāichú 동 해고하다. 제명하다.

 **请用所学的词语说一说**

* 对待情绪化的人我们该怎么办？

　　参考词语： 计较、矫情、暴躁、深思熟虑、随和

* 如果对一件事很悲观，你会怎么去改变？

　　参考词语： 自暴自弃、乐观、开朗、一丝不苟、真诚

谈一谈 토론해보자

关于性格的常用语

1 君子一言，驷马难追。

🔍 군자가 한번 내뱉은 말은 사두마차로도 따라잡지 못한다.

一言既出驷[1]马难追에서 유래된 말로, 한 번 뱉은 말은 주워 담을 수 없다. 또는 자기가 한 말은 꼭 지켜야 한다(说到做到)는 의미로 쓰인다.

출처: 《论语·颜渊》

💬 비슷한 말
- 丈夫一言许人，千金不易 / 一言九鼎
- 한번 엎지른 물은 다시 담을 수 없다.

➤ 你既然已经同意了我们的请求，君子一言，驷马难追，你可不能反悔啊！

➤ 我们要对自己说的话负责，君子一言，驷马难追嘛。

2 宰相肚里能撑船。

🔍 재상의 뱃속에서는 배도 저을 수 있다.

큰 인물은 도량이 넓어서 시시콜콜 따지지 않고 베풀고 용서할 줄 안다는 의미로 쓰인다.

💬 비슷한 속담
- 将军额上能跑马。

➤ 老师，我知道自己错了，您宰相肚里能撑船，就原谅我这一次吧。

➤ 您是大老板，那个小职员只是犯了个小错误，您宰相肚里能撑船，就别跟他计较了。

---

1) **驷** si 명 한 수레를 끄는 네 필의 말 또는 그 수레

3) 不分青红皂白。

🔍 청색과 홍색, 검은색과 흰색을 구분하지 않는다.

옳고 그름을 나타내는 是非를 파랑이냐 빨강이냐(青红), 검은 쪽이냐 흰 쪽이냐(皂白)로 표현하고 그걸 구분하지 않는다(不分). 즉, 시시비비를 따지지 않는다, 옳고 그름을 따지지 않는다라는 의미이다.

출처:《诗经·大雅·桑柔》

💬 비슷한 말
- 不管三七二十一 / 不由分说
- 불문곡직하다. 모로 가도 서울만 가면 된다.

➡ 今天我和弟弟一起玩儿的时候弟弟哭了,爸爸**不分青红皂白**地把我打了一顿。

➡ 调解纠纷¹的时候一定要认真听取双方的意见,不能**不分青红皂白**,随便下结论。

4) 不见棺材不落泪。

🔍 관을 보지 않으면 눈물을 흘리지 않는다.

최후의 결과를 보기 전에는 그만두지 않는다, 실패하기 전에는 뉘우칠 줄 모른다 등 고집이 세서 설득하기 힘든 경우를 이른다.

출처:《金瓶梅》第98回 - [明]兰陵笑笑生

➡ 监控录像录下了他偷车的画面,可是,警察问他的时候,他说没偷,真是**不见棺材不落泪**。

➡ 如果想让他认罪,必须掌握²足够的证据³,否则,他**不见棺材不落泪**,是不会承认的。

1)纠纷 jiūfēn 명 다툼, 분쟁 2)掌握 zhǎngwò 동 파악하다. 정통하다. 3)证据 zhèngjù 명 증거, 근거

谈一谈
토론해보자

5) 得理不饶人。

🔍 이치를 따지며 양보하지 않는다.
… 내가 옳다고 생각하면 절대 양보하거나 용서하지 않고 지나치게 밀어붙인다는 의미이다.

💬 비슷한 속담
- 得理不让人 / 得理不认人

→ 我已经给她赔礼道歉了，可是她得理不饶人，非让我赔钱不可。

→ 为人处世要宽容，即使自己是对的，也不能得理不饶人，要留有余地。

请在上边5个常用语中选择一个谈一谈你的看法

第七课 君子一言驷马难追

唱一唱
노래 부르자

《倔强¹》这首歌收录在五月天2004年发行的专辑《神的孩子都在跳舞》中。这首歌表现了作者在困境中不妥协的倔强性格，"我如果对自己妥协，如果对自己说谎，即使别人原谅，我也不能原谅"，"我不怕千万人阻挡，只怕自己投降"，都表达了面对窘境²，执着追求梦想的决心和意志。

倔强

作词：阿信　作曲：阿信　演唱：五月天

当我和世界不一样，那就让我不一样
坚持对我来说，就是以刚克刚³，我如果对自己妥协⁴
如果对自己说谎，即使别人原谅，我也不能原谅
最美的愿望，一定最疯狂⁵，我就是我自己的神，在我活的地方

‖: 我和我最后的倔强，握紧双手绝对不放
下一站是不是天堂，就算失望不能绝望
我和我骄傲的倔强，我在风中大声地唱
这一次为自己疯狂，就这一次，我和我的倔强

1
对爱我的人别紧张，我的固执很善良
我的手越肮脏⁶，眼神越是发光，你不在乎我的过往⁷
看到了我的翅膀⁸，你说被火烧过，才能出现凤凰
逆风的方向，更适合飞翔，我不怕千万人阻挡⁹，只怕自己投降¹⁰ :‖

2
我和我最后的倔强，握紧双手绝对不放
下一站是不是天堂，就算失望不能绝望
我和我骄傲的倔强，我在风中大声地唱
这一次为自己疯狂，就这一次，我和我的倔强
就这一次，让我大声唱

啦啦啦～～　就算失望，不能绝望
啦啦啦～～　就这一次，我和我的倔强

🎵 간단한 음악 공부 🎵
도돌이표와 숫자 1, 2가 있을 때의
연주 순서입니다.
도돌이표로 돌아갔다 오는 길에
1을 만나면 2로 점프합니다.

1) 倔强 juéjiàng 형 고집이 세다. 2) 窘境 jiǒngjìng 명 곤경, 궁지 3) 以刚克刚 yǐ gāng kè gāng 강으로 강을 극복한다. '以柔克刚 yǐróu-kègāng 부드러움으로 강함을 이긴다'를 변형한 듯 4) 妥协 tuǒxié 통 타협하다. 5) 疯狂 fēngkuáng 형 미치다. 광분하다. 6) 肮脏 āngzāng 형 더럽다. 불결하다. 7) 过往 guòwǎng 통 왕래하다. 교제하다. 8) 翅膀 chìbǎng 명 날개 9) 阻挡 zǔdǎng 통 저지하다. 가로막다. 10) 投降 tóuxiáng 통 투항하다. 항복하다.

读一读 읽어보자

竹石
[清]郑燮

咬定青山不放松，
立根原在破岩中。
千磨万击还坚劲，
任尔东西南北风。

죽석
[청]정섭

청산을 꽉 물고 놓지 않더니,
쪼개진 바위 틈새로 뿌리를 뻗었구나.
천만번 비바람에도 강인하게 버티며,
동서남북 어느 바람에도 몸을 맡기는구나.

注释

咬定 yǎo dìng 청산을 물고 놓지 않는 것과 같다. 대나무 뿌리가 단단하게 박혀있는 것을 비유

千磨万击 qiān mó wàn jī 무수한 시련과 단련을 가리킨다.

坚劲 jiān jìn 굳세고 힘이 있다.

任 rèn 마음대로, 아무거나

尔 ěr 너

请读一读上面这首古诗，并说一说你喜欢什么性格的人。

한시 감상 포인트

정섭(郑燮 1693-1765), 호는 판교(板桥), 흥화(兴化 지금의 장쑤성 싱화시 江苏兴化) 사람, 청대 서화가, 시인. 그는 대나무, 난, 초석 그림에 뛰어나며, 서예는 '육분반서(六分半书)'로 명망이 높고 시문도 매우 잘 써서, 사람들은 그를 '삼절(三绝)'이라 부른다. 실제로 많은 사람들이 서화가인 정판교로 더 잘 알고 있으며, 그의 서화는 독자적으로 한 파를 형성하였으며, 높은 성과를 이루었다. 정판교는 일찍이 산동에서 지현[1](知县)을 한 적이 있는데, 그는 백성들의 고통을 마음에 두고 청렴결백하고 강직하여, 백성들의 사랑을 듬뿍 받았다. 그러나 그는 지방 권력자에게 미움을 받아 관청에서는 백성을 사랑하고 백성을 위하는 이상을 실현할 수 없었다. 그래서 "관리가 백성의 노동자가 되지 않을 바에는 귀향해서 고구마를 심는 것이 낫다"는 뜻을 들어 관직을 그만두고 양주로 돌아와 그림을 팔아 생계를 이었다.

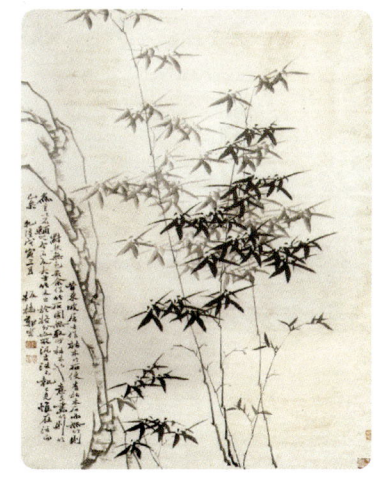

〈죽석〉 이 시는 그의 만년의 작품으로, 본인이 창작한 〈죽석도 竹石图〉에 제목을 붙였다. 작가는 바위를 뚫고 뿌리는 내리는 대나무 묘사를 통해 암죽의 강인하고 흔들리지 않는 성격을 칭송하였다. 실제로 시에서 암죽은 악을 미워하고 권세를 두려워하지 않는 고상한 인격의 화신을 나타낸다.

> 1) **지현**: 지모현사(知某县事)의 준말로 중앙 기관의 관리가 현관(縣官)에 임명되는 것

练一练 연습해보자

1 请把下列A组词和B组词恰当的搭配用线连接起来

A • ———— • B

态度 •　　　• 暴躁
开朗的 •　　• 金钱
脾气 •　　　• 不苟
计较 •　　　• 乐观
一丝 •　　　• 性格

A • ———— • B

深思 •　　　• 驷马难追
自暴 •　　　• 不落泪
君子一言 •　• 能撑船
宰相肚里 •　• 自弃
不见棺材 •　• 熟虑

2 请选择下列词语填空

A. 自暴自弃　B. 暴躁　C. 深思熟虑　D. 一丝不苟　E. 虚伪

① 和他共事一段时间，果然_____的本质完全暴露出来了。

② 高考成绩终于出来了，毕业的高中生们经过_____后才填上了想要就读[1]的大学的名字。

③ 小王的爸爸脾气_____，所以在他很小的时候爸妈就离婚了。

④ 我们班的同学，上课的时候都是_____地记笔记，非常认真地学习汉语。

⑤ 人生还很长，不要因为这点小事就_____。

 1) 就读 jiùdú 동 취학하다. 학교에 다니다.

3 请将学过的正确常用语写在横线上

① 今天我和同学吵架了，不是我的错，可是老师＿＿＿＿＿＿＿＿＿＿地把我批评了一顿。

② 你说了这次要跟我们一起去旅行，＿＿＿＿＿＿＿＿＿＿＿，你说话要算数啊！

③ 公交车司机关门的时候不小心把一个乘客的手夹了，司机立马给她道歉，可是她还是＿＿＿＿＿＿＿＿＿＿＿，一直没完没了的抱怨和批评司机。

4 请自由回答下列问题

① 你对佛系的人怎么看？你是佛系的人吗？

② 你觉得韩国人的性格有什么特点？

看一看 보자

北方人和南方人的性格差异

说起中国人的性格，这可不是一句两句就能说得清的。中国地域广大，民族众多，东西南北中，不同地域的人们受历史、经济、文化等的影响，性格差异也比较明显。同时，受家庭、学习、工作和生活环境的影响，人们的性格也各不相同。

简单来说，北方地广人稀¹造就²了北方人豪爽³、大方的性格特征，在日常生活中表现在喜欢喝酒、大声说话、热情好客⁴、乐于助人等方面。比如说，北方人招待客人是很实在的，无论在家，还是去饭店，都会备上满满一桌子的美味佳肴，有时候明明知道吃不了，也要以此来表示对客人的真诚。因此，"打肿脸充胖子⁵"也是常有的事。

相比之下，南方人则显得比较理性，"吃多少，点多少"或者是"吃多少，做多少"的观念比较强。其实，这正符合了提倡节约的"光盘行动⁶"理念。南方人也很会精打细算⁷，善于经商。相对来说，南方的商人比北方多。另外，南方人整体上性格比较温和，说话的时候慢声细语⁸，做事的时候也比较冷静、细致。

当然，北方人和南方人性格上还有很多差异，请你亲自去看看吧。

---

1)**地广人稀** dìguǎng-rénxī 성 땅은 넓고 사람은 적다. 2)**造就** zàojiù 동 육성하다. 만들어 내다.
3)**豪爽** háoshuǎng 형 호방하고 시원시원하다. 4)**热情好客** rèqíng hàokè 친절하고 호의적이다.
5)**打肿脸充胖子** dǎ zhǒng liǎn chōng pàngzi 속담 (제 얼굴을 때려 붓게 해서 뚱보인 척한다) 억지로 체면을 유지하다. 능력 있는 체하다. 6)**光盘行动** guāng pán xíngdòng 빈 그릇 운동, 음식점에서 남은 음식을 버리지 말고 포장해서 가져가자는 운동 7)**精打细算** jīngdǎ-xìsuàn 성 정밀하게 계획하다. 따지다. 8)**慢声细语** màn shēng xìyǔ 낮은 소리로 천천히 말하다.

북방 사람과 남방 사람의 성격 차이

중국인의 성격을 말하자면, 이것은 결코 한두 마디로 분명하게 말할 수 있는 것이 아니다. 중국은 지역이 광대하고 민족이 매우 많으며, 동서남북 중 각 지역의 사람들은 역사, 경제, 문화 등의 영향으로 성격 차이도 비교적 뚜렷하다. 동시에 가정, 학습, 직업과 생활 환경의 영향을 받아 사람들의 성격도 제각기 다르다.

간단하게 말해 북방은 땅이 넓고 사람이 적어 북방인들의 호탕하고 대범한 성격 특징을 만들어 냈는데, 일상생활에서는 술 마시기를 좋아하고, 큰 소리로 말하고, 손님을 따뜻하게 대하며, 남 돕기를 좋아하는 것 등에서 나타난다. 예를 들면, 북방 사람들은 손님을 대접하는 것이 매우 성실하여,

摄影：许广田

집에서든 음식점에 가서든, 식탁 한가득 맛있는 음식을 준비하며, 어떤 때는 다 못 먹을 줄 뻔히 알면서도 손님에 대한 정성을 표시하고 싶어한다. 따라서 '억지로 허세를 부리는' 것도 흔한 일이다.

이에 비해 남방 사람들은 비교적 이성적이다. '먹을 만큼 주문한다' 혹은 '먹을 만큼 만든다'라는 관념이 강하다. 사실 이것은 절약 운동인 '빈 그릇 운동' 이념에 딱 들어맞는다. 남방 사람들은 또한 알뜰하고 장사에 능하다. 상대적으로 남방의 상인이 북방보다 많다. 또한 남방 사람들은 전반적으로 성격이 비교적 온화하여, 천천히 말을 하고 일을 할 때도 비교적 차분하고 섬세한 편이다.

물론, 북방인과 남방인의 성격에는 아직도 많은 차이가 있으니, 직접 가서 한번 보시길⋯.

改一改 고쳐보자

~~性格和压力的关系~~ → 가운데

　　高中时我喜欢的老师说：" 有事该担心 才能解决 不担心也自然解决。有事不担心不能解决 担心也决不了。"
→ 如果问题有办法解决，那么就不必担心；如果不能解决的话，担心也没用。

　　想来，好像跟最近在中国流行的单词"佛系"意思相通。也许深思熟虑(习惯)的人讨厌这个单词，这样的人~~老是~~(因为)按照一丝不苟的计划谨慎地工作(引惯子)。虽然得到的结果很~~大~~(好)，但是藏在背后的压力也~~会那么大~~(不小)。有些人忍得住这种~~的~~压力，有些人忍不住，反正得~~解决~~(释放)这~~个~~(些)压力。

　　人们的性格多种多样，~~解除~~(释放)压力的方法也~~那么~~多种多样。情绪化的人和多愁善感的人，他们的~~解除~~(释放)压力(的)方法一定会不同。

　　那么有什么排解压力的方法？
   (可以替换成 or 释放压力)

1. 吃好吃的东西　　　2. 和朋友去玩, 逛街
3. 做运动(去爬山, 去散步)　　4. 打篮球, 踢足球
5. 喝茶　　　　　　　6. 通宵喝酒
7. 忍~~又~~(再)忍　　　　　　8. 到有压力的地方去发火
9. 去旅行　　　　　　10. 去歌厅唱歌或者去夜总会跳舞
11. 学汉语, 哈哈　　　12. 和同学们一起去中国旅游
…　　　　　　　　　…

你觉得适合你性格的排解压力方法是哪个？左边的还是右边的？
or 你觉得以你的性格，你会选择哪个方法来排解压力？

第八课

一日夫妻百日恩

하룻밤 부부라도 만리장성을 쌓는다

聊一聊
이야기해보자

1. 为什么现在的年轻人结婚越来越晚？
2. 请谈一谈你的婚姻观。

结婚 jiéhūn　　　离婚 líhūn

闪婚 shǎn hūn　　闪离 shǎn lí

压力 yālì　　　　就业 jiùyè

学一学
배워보자

1. 痴情 chīqíng 몡 치정, 매우 깊은 사랑 ᠍형 사랑에 푹 빠지다.

一片痴情 / 痴情不改 / 痴情女

- 她对他一片痴情，可是，他却没有付出¹真心。
- 她从小就喜欢唱歌，长大以后也一直痴情不改，如今成了有名的歌唱家。

2. 吃醋 chīcù 동 질투하다. 시기하다. 강짜를 부리다.

嫉妒 / 忌妒

- 走在街上，如果丈夫对其他漂亮女人多看几眼，妻子就会吃醋。
- 男朋友看见我和一个男生说话，就吃醋了，一脸不高兴。我告诉他："那个男生只是问我去图书馆怎么走"。

3. 敷衍 fūyǎn 동 (일을) 대충대충하다. 성의 없이 대하다.

敷衍了(liǎo)事²

- 这件事非常重要，大家一定要认真对待，敷衍了事可不行。
- 结婚以后，老公就像变了一个人似的，家里什么事都不管，还总是以工作忙为借口敷衍我，这日子真是过不下去了！

4. 做媒 zuòméi 동 중매하다. 소개팅하다.

牵线 / 搭桥 / 当红娘

- 今天，我最好的朋友结婚了，她和她老公是我给做的媒，祝福他们永远幸福。
- 做媒说起来是件好事，可是，责任也不小，万一双方分手了，媒人³在中间也有些尴尬⁴。

1)付出 fùchū 동 (대가, 경비를) 지불하다. (힘, 노력을) 기울이다. 2)敷衍了事 fūyǎn-liǎoshì 성 적당히 일을 얼버무려 버리다. 3)媒人 méiren 명 중매쟁이 4)尴尬 gāngà 형 난처하다. 어색하다.

学一学
배워보자

5 干涉 gānshè 명동 간섭(하다)

过多地干涉 / 过于干涉 / 非法干涉

- 父母不要过多地干涉儿女的婚姻生活，否则，会引起很多家庭矛盾。
- 这是我们两个人之间的事，你没有理由干涉。

6 包容 bāoróng 동 포용하다. 수용하다.

包容心 / 多包容

- 兄弟姐妹之间常常会吵架，这时候，哥哥和姐姐应该多包容弟弟和妹妹。
- 对待朋友和同事，如果你有一颗包容心，那么，你会受到大家的尊敬。

7 勤快 qínkuai 형 부지런하다. 근면하다.

勤快人

- 她是个勤快人，每天把家里打扫得干干净净的。
- 我觉得做事勤快一些，成功的机会也会多一些。

8 倾听 qīngtīng 동 경청하다. 주의 깊게 듣다.

侧耳倾听 / 用心倾听 / 认真倾听

- 家长们不能只是要求孩子做什么，我觉得倾听孩子的想法也是很有必要的。
- 今天上课的时候老师讲与下周考试有关的内容，学生们都侧耳倾听，生怕[1]错过什么。

1) 生怕 shēngpà 동 ~할까 봐 두려워하다.

9 **迷恋** míliàn 동 미련을 두다. 연연해 하다. ~에 푹 빠지다. ~에 열중하다.

　过于迷恋 / 迷恋过去

- 有些学生过于迷恋手机游戏，甚至上课的时候也玩儿，这个习惯真应该改一改了。
- 既然已经和他分手了，就不要再迷恋，赶快开始新生活吧。

10 **一见钟情** yījiàn-zhōngqíng 성 첫눈에 반하다.

　对她(他)一见钟情 / 一见钟情的爱情

- 如果你对她一见钟情，就应该勇敢地向她表白，不要错过了机会。
- 虽然一见钟情的爱情很美好，但我更喜欢日久生情，因为两个人慢慢地了解以后，感情会更稳定[1]。

11 **欲擒故纵** yùqín-gùzòng 성 (큰 것을)잡기 위해 일부러 놓아주다. 칠종칠금

- 警方[2]还没找到那个人犯罪的证据，所以，他们欲擒故纵，先把他放了，然后24小时跟踪他，终于掌握了证据，把他逮捕[3]了。
- 他为了骗你，才先让步[4]的，这是欲擒故纵，他的真正目的是从你这儿得到更多好处。

12 **相敬如宾** xiāngjìng-rúbīn 성 부부가 서로 손님을 대하듯 존경하다.

　互敬互爱

- 他们夫妻感情很好，几十年来相敬如宾，从来没有吵过架。
- 我希望你们结婚以后，能够互相谦让[5]，相敬如宾，这样才能生活幸福。

1)稳定 wěndìng 형 안전하다. 변동이 없다. 2)警方 jǐngfāng 명 경찰 측 3)逮捕 dàibǔ 동 체포하다.
4)让步 ràngbù 동 양보하다. 5)谦让 qiānràng 동 겸손하게 사양(양보)하다. 겸양하다.

学一学 배워보자

13 相濡以沫 xiāngrú-yǐmò [성] 같이 곤경에 처하여 미력하나마 서로 도와주다.

一生相伴 / 同甘共苦

- 他们老两口一起生活了60多年，经历了许多风风雨雨[1]，却一直相濡以沫，走到了今天。
- 我所[2]期待的相濡以沫的爱情，就是一辈子相知，相守，相互包容，白头偕老。

14 青梅竹马 qīngméi-zhúmǎ [성] 죽마고우, 소꿉동무

两小无猜

- 大家都很羡慕德善和崔泽这种青梅竹马的爱情，这才是爱情该有的样子！
- 他们本来是青梅竹马的一对儿，没想到竟然分手了，真可惜。

15 喜结连理 xǐ jié liánlǐ 부부가 되다. 결혼하다.

百年好合 / 白头偕老

- 经过8年恋爱，他们俩今天终于喜结连理，举行了盛大的婚礼。
- 他和她从小青梅竹马，去年喜结连理，今年又有了一个可爱的女儿，真是喜事连连啊。

---

1)风风雨雨 fēngfēng-yǔyǔ [성] 시련, 간난신고(艱難辛苦) 2)所 suǒ [조] ~하는

 请用所学的词语说一说

★ 你会因为什么事情吃醋？

参考词语： 痴情、敷衍、迷恋、倾听、相敬如宾

★ 你相信一见钟情吗？

参考词语： 做媒、相濡以沫、青梅竹马、喜结连理、包容

谈一谈
토론해보자

关于家庭和婚姻的常用语

1 家家有本难念的经。

> 🔍 집집마다 읽기 어려운 경전이 있다.
> … 집집마다 모두 다른 사람들이 알지 못하는 어려운 일, 또는 남에게 털어 놓기 힘든 비밀이나 치부 등이 있음을 비유적으로 나타낸 말이다.
>
> 💬 비슷한 속담
> ▫ 人人都有难唱的曲。

- 每个家庭都有各自的难处，正所谓"家家有本难念的经"，生活本来就不容易啊。
- 他们家表面上看起来和和气气、其乐融融[1]，其实，家家有本难念的经，他们的儿子大学毕业好几年了，还没找到工作。

2 一日夫妻百日恩。

> 🔍 하룻밤 부부라도 만리장성을 쌓는다.
> … 부부의 연은 가벼운 것이 아니다. 일단 부부가 되면 두터운 정이 생긴다는 의미이다.
>
> 출처:《金瓶梅》———[明]兰陵笑笑生
> 《聊斋志异·张鸿渐》-[清]蒲松龄
>
> 💬 비슷한 속담
> ▫ 고와도 내 님, 미워도 내 님
> 　한번 배우자로 결정된 사람은 미우나 고우나 자기 사람이란 뜻.

- 他的妻子得了重病，住院一年多了，虽然他工作很忙，但是一直细心地照料妻子，真是一日夫妻百日恩啊。
- 夫妻吵架是常事，不要一吵就要离婚，一日夫妻百日恩，夫妻感情不是那么容易断的。

1) **其乐融融** qí lè róngróng [성] 즐거움이 가득하다. 화기애애하다.

③ **小别胜新婚。**

🔍 잠시의 이별이 신혼을 이긴다.

⋯ '잠시 떨어져 있다 만나면, 신혼보다 더 친밀하다'는 의미로, 부부나 연인이 잠시 떨어져 있다 만나면 신혼 때보다 더 애틋하다는 뜻이다.

➔ 他的丈夫被公司派到美国工作了半年，俗话说："小别胜新婚"，果然，他回来以后，夫妻俩的感情比以前更好了。

➔ 虽然说小别胜新婚，但是他们夫妻两地分居一年后，还是离婚了。

④ **生死契阔，与子成说。执子之手，与子偕老。**

🔍 생사를 함께하자고 그대와 약속했네. 그대의 손을 잡고 그대와 해로하리.

⋯ 원래 의미는 전사 간의 약속을 가리킨다. 일찍이 함께 생사를 맹세하고, 함께 두 손을 잡고, 전장에서 생사를 같이하며, 죽음을 두려워하지 않고 전장으로 나간다는 뜻이다. 현대는 부부간의 애정에 많이 사용되며, 결혼에 대한 승낙을 나타내고, 상대와 평생 동안 서로 이해하고 서로 지켜주기를 희망하는 것을 나타낸다.

出处：《诗经·邶风·击鼓》-[周]

💬 비슷한 속담
- 在天愿作比翼鸟[1]，在地愿为连理枝[2]。

➔ 我理想中的爱情是"执子之手，与子偕老"，两个人相爱相守到老，这是最浪漫的人生。

➔ 我和妻子结婚的时候，已经"生死契阔[3]，与子成说"，相约白头偕老，永不分离。

1)比翼鸟 bǐyìniǎo 명 비익조. 암수가 항상 함께 다닌다는 전설 속의 새. 고대시에서 흔히 금슬 좋은 부부를 가리킴. 2)连理枝 liánlǐzhī 명 연리지, 두 나무의 가지가 맞닿아 서로 통한 것으로 금슬이 좋은 부부에 비유된다. 3)契 qì 합치다. 모이다. 阔 kuò 이별하다.

谈一谈
토론해보자

5) 男怕入错行，女怕嫁错郎。

🔍 남자는 직업을 잘못 택할까 두려워해야 하고, 여자는 신랑을 잘못 택할까 두려워해야 한다.

··· 남자는 직업, 여자는 결혼 상대를 잘 선택하는 것이 인생에서 중요하다는 뜻이다. 특히 뒷부분의 "女怕嫁错郎"이 문장은, 딸이 있는 집안의 부모님이 딸에게 권유하는 말로, 여자가 결혼 상대를 찾을 때는 남자가 직업을 잘못 선택하지 않으려고 조심하는 것처럼 주의 깊게 선택해야 한다는 뜻이다. 배우자 선택이 여자의 인생에 많은 영향을 미치니 신중해야 한다는 의미를 담고 있다.

➡ 韩先生，听说你儿子考上大学了，选的什么专业啊？专业得好好选，因为关系到未来选择什么职业，俗话说"男怕入错行"嘛！

➡ 子女的婚事当然是父母的心头大事，特别是有女儿的家庭，对未来女婿的选择更是谨慎，俗话说"男怕入错行，女怕嫁错郎"嘛，万一女儿找错了对象，有可能改变一生的命运。

请在上边5个常用语中选择一个谈一谈你的看法

第八课 一日夫妻百日恩

唱一唱
노래 부르자

《愿得一人心》这首歌收录在李行亮2012年发行的同名专辑《愿得一人心》中。"只愿得一人心，白首不分离"就像是"执子之手，与子偕老"的誓言，表达了年轻人对爱情的执着与坚持。"愿得一心人，白首不相离"出自汉代才女卓文君的歌谣《白头吟》。歌词为了顺口¹，将"一心人"改成"一人心"。

愿得一人心

作词：胡小健　　作曲：罗俊霖　　演唱：李行亮

曾在我背包小小夹层²里的那个人
陪伴我漂洋过海³经过每一段旅程
隐形⁴的稻草人⁵，守护我的天真
曾以为爱情能让未来只为一个人
关了灯依旧⁶在书桌角落的那个人
变成我许多年来纪念爱情的标本
消失的那个人，回不去的青春
忘不了爱过的人才会对过往认真

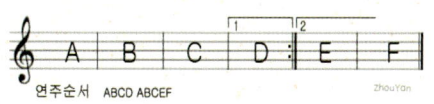

只愿得一人心，白首不分离，这简单的话语，需要巨大的勇气
没想过失去你，却是在骗自己，最后你深深藏在我的歌声里
只愿得一人心，白首不分离，这清晰⁷的话语，嘲笑⁸孤单的自己
盼望能见到你，却一直骗自己，遗憾你听不到我唱的这首歌

1
多想唱给你

2
只愿得一人心，白首不分离，这简单的话语，需要巨大的勇气
没想过失去你，却是在骗自己，最后你深深藏在我的歌声里

只愿得一人心，白首不分离，这清晰的话语，嘲笑孤单的自己
我很想你，却一直骗自己，遗憾你听不到我唱的这首歌
多想唱给你

1)**顺口** shùnkǒu 휑 (글귀가)발음하기 좋다. 읽기 좋다. 2)**夹层** jiā céng 사이 공간 (이중 구조에서 두 구조 사이의 작은 공간) 3)**漂洋过海** piāoyáng-guòhǎi 바다를 건너 멀리 떠나다. 4)**隐形** yǐnxíng 휑 모습을 감추다. 은밀하여 발견되지 않는 5)**稻草人** dàocǎorén 몡 허수아비 6)**依旧** yījiù 冃 여전히, 변함없이 7)**清晰** qīngxī 휑 뚜렷하다. 선명하다. 8)**嘲笑** cháoxiào 동 조소하다. 비웃다.

读一读
읽어보자

相思
[唐] 王维

红豆生南国，
春来发几枝。
愿君多采撷，
此物最相思。

상사
[당] 왕유

홍두는 남쪽 나라에서 자라는데,
봄이 왔으니 얼마나 피었으려나.
원컨대 그대여 홍두를 많이 따 두시게,
그것이 가장 사람을 그리워하게 만드니까.

注释

红豆 hóngdòu 홍두, 일명 '상사자'라고 부르며, 중국 광동, 광서 일대에서 생산되며, 대부분 붉은색이다. 사람들은 이를 상사의 상징으로 나타낸다.
发 fā 생장
君 jūn 그대
采撷 cǎixié 따다.

请读一读上面这首古诗，并说一说你会怎么向对方表达相思之情。

第八课 一日夫妻百日恩

한시 감상 포인트

왕유(王维 701-761), 자는 마힐(摩诘), 당나라 시인, 화가. 그의 시와 그림은 매우 수준이 높고, 특히 산수시는 가장 높이 평가된다. 산수전원파의 대표로서, 소동파는 "시 속에 그림 있고, 그림 속에 시가 있다"라는 말로 그를 칭송했다. 왕유와 당대의 유명한 시인 맹호연을 함께 '왕맹(王孟)'이라고 부르기도 한다. 만년에 그는 벼슬에 마음을 두지 않고, 오로지 불교를 신봉하여 '시불(诗佛)'이라 불리었다. 〈상사〉시는 왕유가 자신의 친구인 이구년(李龟年)에게 선물한 시로, 그는 팥으로 그리움을 담아 먼 곳에 있는 친구를 향한 깊은 그리움을 표현했다고 전해진다. 팥이 왜 상사(그리운 마음)를 상징할 수 있는지에 대한 한 가지 전설이 있다. 옛날에 한 여자가 있었는데, 남편이 변방에서 죽자 그녀는 나무 아래에서 목 놓아 울다가 죽어서 결국 팥이 되었다고 한다. 후에 사람들은 팥을 '상사자(相思子)'라고 불렀다. 실제로 팥으로 대표되는 '상사'의 의미가 광범위하지만, 사람들은 여전히 팥으로 부부, 연인 간의 그리움을 많이 표현한다.

"하루 못 보니, 3년 못 본 것 같다", "하룻밤을 자도 만리장성을 쌓는다", "그대의 손을 잡고 백년해로한다" 등 모두 연인 사이의 그리움과 함께하고 싶은 마음을 나타낸다. 중국에서 잘 알려진 〈맹강녀곡장성 孟姜女哭长城〉 전설도 그리움과 부부간의 금실에 대해 설명하는 데 더할 나위 없이 좋다.

练一练   연습해보자

1 请把下列A组词和B组词恰当的搭配用线连接起来

A • -------- • B

敷衍 · · 以沫
侧耳 · · 了事
一见 · · 故纵
相濡 · · 倾听
欲擒 · · 钟情

A • -------- • B

青梅 · · 难念的经
喜结 · · 竹马
家家有本 · · 百日恩
一日夫妻 · · 胜新婚
小别 · · 连理

2 请选择下列词语填空

A. 相敬如宾　　B. 相濡以沫　　C. 倾听　　D. 欲擒故纵　　E. 敷衍

① 很多年以来，这对夫妻_____，度过了一个又一个难关。

② 对方这招¹是_____，你可别上当²。

③ 老妈让老爸干点儿家务活，老爸总是_____。

④ 小王的爷爷奶奶已经共同生活了几十年，一直_____，从来没红过脸。

⑤ 夫妻之间，要经常互相_____对方的心声，要经常沟通，这样才能天长地久³。

1)招 zhāo 명 수, 술수, 계략 2)上当 shàngdàng 동 속다. 꾐에 빠지다. 사기를 당하다. 3)天长地久 tiāncháng-dìjiǔ 성 영원히 변치 않다. 하늘과 땅처럼 영원하다.

3 请将学过的正确常用语写在横线上

① 生活中，再幸福的家庭，也有它的难处，俗话说"＿＿＿＿＿＿＿＿＿＿＿＿"，各家有各家的苦恼啊。

② 我觉得幸福的生活就是"＿＿＿＿＿＿＿＿＿＿＿＿＿＿"，最浪漫的事就是和爱人一起慢慢变老。

③ 听到丈夫受伤的消息，妻子哭着跑到医院，寸步不离[1]地守在手术室门口，真是＿＿＿＿＿＿＿＿＿＿＿＿＿＿啊。

4 请自由回答下列问题

① 在家里你是勤快人吗？如果不是，那么你家最勤快的人是谁？

② 你觉得代表相思的东西还有什么呢？

1) 寸步不离 cùnbù-bùlí [형] 조금도 곁을 떠나지 않다.

看一看 보자

热闹非凡¹的广场相亲会

说起未婚男女恋爱的起点²，从古至今，无外乎³是经媒人介绍或自由恋爱。媒人也称红娘、月老、介绍人，他们热心地给青年男女牵线搭桥，安排双方见面相亲。既然是相亲，被介绍的男女双方当然要亲自到场，一见真容才行。

不过，近些年来，中国兴起⁴了一股⁵"广场相亲热"。"广场相亲热"的兴起，固然跟年轻人工作繁忙⁶不无关系，不过，跟父母们望子成婚的迫切⁷心情关系更大些。因为相亲的男女主角大部分都不到场，取而代之⁸的则是他们的"相亲经纪人⁹"——双方父母。

周末或节假日，各大城市的主要广场或公园，大都会举办"相亲会"。一张张写着相亲条件的纸条或卡片，贴在现场醒目的位置，如果谁觉得双方条件符合，就会按照上面的联系方式单独联系。在现场，父母们也会拿着自己子女的照片互相交流，那场面真是人山人海，热闹非凡¹。我们相信，这热闹的相亲会过后，一定会有不少有情人走进"执子之手，与子偕老"的婚姻殿堂。

纵观全世界，广场相亲会应该是中国独有的一道风景吧。如果你有机会到中国的话，想不想到广场相亲会的现场去体验一下呢？

1)热闹非凡 rènào fēifán (광경이나 분위기가)아주 변화하고 시끌벅적하다. 2)起点 qǐdiǎn 몡 기점, 시작점 3)无外乎 wú wài hū 단지 ~에 지나지 않다. 예외가 없다. 4)兴起 xīngqǐ 동 일어나기 시작하다. 발전하기 시작하다. 5)一股 yī gǔ 한 가닥, 한 줄기 6)繁忙 fánmáng 형 번거롭고 바쁘다. 7)迫切 pòqiè 형 절박하다. 절실하다. 8)取而代之 qǔ'érdàizhī 성 남의 지위를 대신해 들어서다. 다른 것으로 바꾸다. 9)经纪人 jīngjìrén 몡 대리인, 매니저

시끌벅적한 광장 상친회

　미혼 남녀의 연애 시작점에 대해 말하자면, 예로부터 지금까지 중매인을 통한 소개이거나 자유연애 정도이다. 중매인은 홍낭, 월하노인, 소개인으로도 불리며 적극적으로 청춘 남녀에게 다리를 놓아주고 서로 맞선을 주선해 준다. 이왕 맞선을 보는 것이니 소개받은 남녀가 직접 만나 진정한 모습을 보여줘야 한다.

　그러나 최근 몇 년 이래 중국은 '광장 소개팅 붐'이 일고 있다. '광장 소개팅 붐'의 흥행은 젊은이들의 일이 바쁜 것과 무관하지 않지만 자식의 결혼을 바라는 부모들의 절실한 심정과 더 관계가 많다. 소개팅의 남녀 주인공들은 대부분 나오지 않고 그 자리를 대신하는 '미팅 매니저'가 있다. 즉, 양가 부모님이다.

　주말이나 공휴일에 각 대도시의 주요 광장이나 공원은 대부분 '미팅 파티'를 개최한다. 한 장 한 장 적혀있는 소개팅 조건의 메모지나 카드들이 현장에서 눈에 띄는 위치에 붙어 있고, 누군가 서로의 조건이 맞는다고 생각되면 위에 적힌 연락처에 따라 개별적으로 연락할 수 있다. 현장에서 부모들은 가지고 온 자녀의 사진을 교류할 수도 있다. 그 장면은 정말 인산인해를 이루며 떠들썩하다. 우리는 이 떠들썩한 소개팅이 끝나면 적지 않은 연인들이 "그대의 손을 잡고 함께 백년해로하는" 결혼의 전당으로 들어갈 것으로 믿는다.

　전 세계를 통틀어 보면 광장 상친회는 분명 중국만의 독특한 풍경이 아닐까 싶다. 만약 중국에 갈 기회가 생긴다면 광장 상친회 현장을 방문해보고 싶지 않은가?

改一改 고쳐보자

《如果重生的话》 → 水묘到

如果有人问你"如果你可以重新结婚?"的话，你会怎么回答? 老婆(老公)在身边，你犹豫过回答吗? 我觉得事先想一想就好。

犹豫 yóu yù

那么要不要和她(他)重新结婚需要考虑什么? 망설이다, 머뭇거리다

1. 还爱她(他)吗?
2. 她(他)能不能保障我的人生?

冲突 chōng tū

3. 跟他(她)结婚以后，因意见不合你受过多少心伤? → 因意见不合你们吵架以后你的心受过多少次伤呢?
4. 家务做得勤快吗? 还有 晚上也做得勤快吗?
5. 他有个铁饭碗吗?
6. 好好包容我的过点吗?
7. 遇到困难时相濡以沫过吗?

有没有考虑过这些问题? 你觉得哪个是最重要的? 我建议从现在别担心这样的问题。回答已经定好了。

8. 我重生的可能性有多少?
9. 如果重生的话，能和她(他)同一个时代出生吗?

第8个条件是几乎不可能，何况第9个呢? 如果任何人问你"重生时和她(他)重新结婚吗?"的话，想都不要想就回答"是"或者"当然"。你犹豫的时间越长，老婆(老公)的心伤得就越深。

144　第八课 一日夫妻百日恩

第九课
儿行千里母担忧

자식이 먼 길을 떠나면 어머니는 걱정한다

聊一聊
이야기해보자

1. 平时你都是怎么孝顺父母的？
2. 你怎么样照顾孩子？

摄影：宋歌

担忧 dānyōu　　牵挂 qiānguà
担心 dānxīn　　放心 fàngxīn
叮嘱 dīngzhǔ　　嘱咐 zhǔfu

第九课　儿行千里母担忧

学一学
배워보자

1 代沟 dàigōu 명 세대 차이

有代沟 / 没有代沟

- 现在社会发展真快，尽管我已经很努力地学习新知识，但还是跟年轻人有代沟，真是跟不上时代了。
- 父母和孩子之间总会有代沟，所以要经常沟通，增进¹彼此²的了解，这样才能减少不必要的冲突。

2 放纵 fàngzòng 동 내버려두다. 방임하다.

放纵自己 / 放纵子女 / 过于放纵 / 放纵的生活 / 纵容

- 父母对子女的管束³要适当，不能溺爱，也不能放纵，否则，等子女已经形成了坏习惯，想管也管不了了。
- 我最近在减肥，看到好吃的，真是忍不住想放纵自己，大吃一顿。

3 叛逆 pànnì 동 반항하다. 배신하다. 반역하다. 명 배신자, 반역자

叛逆期 / 叛逆的性格 / 反叛⁴

- 青春期也是青少年的叛逆期，这一时期父母和老师都会很头疼，对他们说也不是，不说也不是，真不容易啊。
- 他从小在孤儿院长大，缺少⁵父爱和母爱，形成了叛逆的性格。

4 任性 rènxìng 형 제멋대로 하다(무책임하다). 내키는 대로 하다.

太任性了 / 任性得不得了

- 这件事本来就是你的错，快别任性了，给她道个歉，这事就过去了。
- 她是家里的独生女，从小娇生惯养，任性得不得了，谁的话也不听。

1)增进 zēngjìn 동 증진하다. 증진시키다. 2)彼此 bǐcǐ 대 피차, 서로 3)管束 guǎnshù 동 통제하다. 단속하다. 4)反叛 fǎnpàn 동 모반을 일으키다. 5)缺少 quēshǎo 동 부족하다. 결핍하다.

学一学
배워보자

⑤ **攀比** pānbǐ 동 (자기보다 더 나은 사람과)비교하다. 상향 비교하다.

盲目攀比 / 喜欢攀比 / 攀比心理

- 那个女人喜欢攀比，看到别人穿名牌儿衣服，尽管自己没钱，也要借钱买。
- 攀比心理可要不得，那只是为了满足自己的虚荣心的表现。

摄影: 선환동

⑥ **孝顺** xiàoshùn 동 효도하다. 공경하다. 형 효성스럽다.

孝顺父母 / 孝顺老人 / 孝顺的孩子

- 那家的父母很会教育子女，所以，他们的子女都很孝顺。
- 孝顺父母是天经地义[1]的事，每个子女都应该做到。

⑦ **享福** xiǎngfú 동 복을 누리다. 행복하게 살다.

<-> 受罪[2] / 享清福 / 享不了福

- 那老两口辛苦半辈子，现在孩子们都成家立业[3]了，终于可以享清福了。
- 累了的时候，有人喜欢去汗蒸房[4]的高温室里出个透汗[5]，可是，我怕热，可享不了那个福。

⑧ **赡养** shànyǎng 동 부양하다. 먹여 살리다.

赡养老人 / 赡养父母 / 赡养公婆 / 赡养义务

- 我们小时候，父母辛辛苦苦抚养[6]我们，父母老了的时候，我们得全心全意赡养他们才行。
- 结婚以后，我们也有了赡养对方父母的义务。

1)天经地义 tiānjīng-dìyì 성 불변의 진리, 천지의 대의 2)受罪 shòuzuì 동 고생하다. 시달리다. 죄를 받다. 3)成家立业 chéngjiā-lìyè 성 결혼하여 자립하다. 가업을 일으키다. 4)汗蒸房 hàn zhēng fáng 찜질방 5)透汗 tòuhàn 명 흠뻑 난 땀 6)抚养 fǔyǎng 동 부양하다. 정성 들여 기르다.

第九课 儿行千里母担忧

⑨ **溺爱** nì'ài 동 지나치게 귀여워하다. 무절제하게 사랑하다.

溺爱孩子 / 溺爱孙子 / 溺爱外孙女 / 过分溺爱

- 人们常说：溺爱孩子就等于杀孩子。这是说溺爱是完全没有好处的，千万不要溺爱孩子。
- 最近发生了一起[1]儿子杀了母亲的案件[2]，据说，那位母亲过于溺爱儿子是案件发生的原因之一。

⑩ **虚荣心** xūróngxīn 명 허영심

虚荣心强 / 有虚荣心 / 虚荣心的表现

- 在经济条件不允许[3]的情况下，还追求穿名牌儿服装、开高档汽车、住豪华别墅[4]，这些都是虚荣心的表现。
- 一个女孩说："宁可[5]坐在宝马[6]里哭，也不愿坐在自行车上笑。"她的虚荣心太强了。

⑪ **起跑线** qǐpǎoxiàn 명 출발선, 스타트 라인

站在起跑线上 / 赢在起跑线上 / 人生的起跑线

- 目前，年轻的父母们都非常重视幼教[7]，说是[8]要让孩子赢在起跑线上。
- 人生就像一场马拉松赛跑，人生的起跑线固然重要，但中间漫长[9]的路程需要一步一步[10]、脚踏实地地坚持，才能跑出精彩的人生。

⑫ **含辛茹苦** hánxīn-rúkǔ 성 온갖 고생을 참고 견디다.

- 她是个单身妈妈，一个人含辛茹苦把孩子培养得很优秀，真是位了不起的母亲。
- 看着一辈子含辛茹苦的父母，我决定不再让他们操心[11]，一定好好赡养他们。

> 1)起 qǐ 양 번. 차례. 건(횟수, 건수 등을 세는 양사) 2)案件 ànjiàn 명 소송이나 위법에 관련된 사건, 안건, 사건 3)允许 yǔnxǔ 동 윤허하다. 허가하다. 4)别墅 biéshù 명 별장 5)宁可 nìngkě 부 차라리(~하는 게 낫다). 설령 ~할지라도 6)宝马 Bǎomǎ BMW(자동차) 7)幼教 yòujiào 명 幼儿教育(유아 교육)의 준말 8)说是 shuō shì ~라는 것이다. ~라고 한다. 9)漫长 màncháng 형 멀다. 길다. 10)一步 yī bù 한 걸음, 한 단계, 한 과정 11)操心 cāoxīn 동 걱정하다. 애태우다.

学一学
배워보자

13 聪明伶俐 cōngming línglì 혱 총명하고 영리하다.
- 他从小就聪明伶俐，上幼儿园时就已经认识了很多汉字。
- 你这么聪明伶俐，这道数学题一定难不倒你。

14 娇生惯养 jiāoshēng-guànyǎng 혱 응석받이로 자라다. 호강하며 자라다.
- 那个女孩从小娇生惯养，虽然现在上中学了，可是每次在学校里清扫的时候，都不能完成清扫任务，同学们都对她很不满。
- 在家娇生惯养的孩子，长大以后，很难与他人维持良好的人际关系。

15 望子成龙 wàngzǐ-chénglóng 혱 아들이 훌륭한 인물이 되기를 바라다.

望女成凤

- 父母们都有望子成龙的心理，希望自己的孩子长大以后能出人头地[1]。
- 他望子成龙心切[2]，给上小学的儿子报了好几个课后班，英语、数学、作文、钢琴、书法等等，儿子连周末都没有休息的时间。

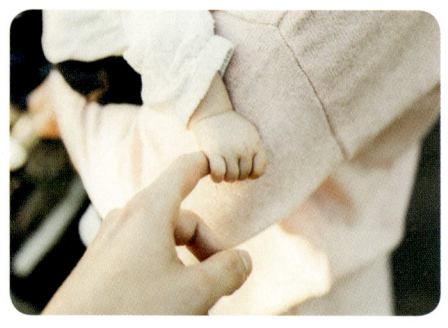

 1)出人头地 chūréntóudì 혱 남보다 뛰어나다. 두각을 나타내다. 2)心切 xīnqiè 혱 마음이 절실(절박)하다. 간절하다.

 请用所学的词语说一说

* 你和你的父母之间有代沟吗?

   参考词语: 任性、溺爱、叛逆、放纵、享福

* 你同意"让孩子赢在起跑线上"这样的观点吗?

   参考词语: 虚荣心、望子成龙、攀比、娇生惯养、含辛茹苦

谈一谈
토론해보자

关于子女的常用语

1) 儿行千里母担忧，母行千里儿不愁。

> 🔍 자식이 먼 길을 떠나면 어머니는 걱정하지만, 어머니가 먼 길을 떠나도 자식은 걱정하지 않는다.
>
> 사랑은 내려가고 걱정은 올라간다. 사랑은 언제나 윗사람이 아랫사람에게 베풀어 주고 걱정은 아랫사람이 윗사람에게 끼치는 법임을 이르는 말이다.
>
> 出处：《隋唐演义》第二十四回 －［清］褚人获
>
> 💬 비슷한 속담
> ▫ 내리사랑은 있어도 치사랑은 없다.

- 10年前，我第一次来韩国的时候，妈妈早早地把我的行李都准备好了，临行前，还不断地叮嘱¹这、叮嘱那的，真是儿行千里母担忧啊。

- 中国有句俗话叫做"儿行千里母担忧，母行千里儿不愁"，意思是儿女对父母的关心远远比不上父母对儿女的牵挂²，所以说父母的爱是伟大的，只管付出，不求回报。

2) 上梁不正下梁歪。

> 🔍 상량(마룻대)이 바르지 않으면, 아래 들보가 비뚤어진다.
>
> 지도자나 윗사람같이 주요한 일을 하는 사람이 법률이나 도덕을 위반하면, 그 아랫사람들도 그와 같이 한다는 것을 이르는 말.
>
> 出处：《物理论》－［晋］杨泉
>
> 💬 비슷한 속담
> ▫ 老鸡不上灶，小鸡不乱跳。
> ▫ 윗물이 맑아야 아랫물이 맑다.

- 父母是孩子的第一任老师，父母的行为对孩子有直接的影响，如果父母行为不端的话，孩子也会跟着走歪路，也就是说³上梁不正下梁歪。

- 那对父子因为诈骗⁴罪被判处了有期徒刑⁵，大家都说这真是上梁不正下梁歪。

1) 叮嘱 dīngzhǔ 동 신신당부하다. 간곡히 타이르다. 2) 牵挂 qiānguà 동 걱정하다. 근심하다.
3) 也就是说 yějiùshìshuō 바꾸어 말하면, 다시 말하면 4) 诈骗 zhàpiàn 동 편취하다. 사기치다.
5) 有期徒刑 yǒuqī túxíng 명 유기징역

3) 恨铁不成钢。

🔍 무쇠가 강철이 되지 못함을 안타까워하다.

⋯ 무쇠와 강철에서 바로 유추할 수 있듯이, 훌륭한 인재가 되지 못함이 안타깝다는 뜻이다. 기대하던 사람이 힘을 쓰지 않고 적극적이지 못함에 안타까워하며 그가 빨리 좋아지기를 바라며 하는 말이다.

출처:《红楼梦》第九十六回 - [清]曹雪芹

➲ 为了让孩子赢在起跑线上，那位母亲在孩子的学习上下了很大功夫，可是，她忽视¹了孩子的心理教育，结果孩子在叛逆期因为偷东西被警察抓了，她说自己真是恨铁不成钢啊。

➲ 他到高三的时候，学习成绩还是很差，眼看着考大学无望，他爸爸恨铁不成钢，干脆²把儿子送去当兵，希望他能在部队接受锻炼后，成为一个能自食其力³的人。

4) 可怜天下父母心。

🔍 세상 부모들의 마음이란…

⋯ 자녀들은 부모가 고생하며 다 해주는 것을 모르고 심지어 부모의 고충을 오해하기도 한다. 하지만 부모는 변함없이 자녀를 위해 아낌없이 내준다.
여기서 可怜은 가엾다는 동정의 의미보다는 '연민을 일으키게 한다'는 의미로 보는 게 좋을 듯하다.

출처: 청나라 慈禧(서태후)가 모친을 위해 지은 시

➲ 30岁的他大学毕业后一直没有工作，靠父母生活，现在父母又急着帮他找女朋友，真是可怜天下父母心啊。

➲ 都说可怜天下父母心，这话一点儿都没错，他们年轻的时候抚养子女，老了的时候不但要帮着子女照顾孙子、孙女、外孙子、外孙女，还得补贴⁴子女的日常生活费用。

1) 忽视 hūshì 동 소홀히 하다. 2) 干脆 gāncuì 부 깨끗하게, 차라리 3) 自食其力 zìshíqílì 성 자기 힘으로 생활하다. 4) 补贴 bǔtiē 동 (주로 재정적으로) 보조하다.

谈一谈
토론해보자

5 子不嫌母丑，狗不厌家贫。

자식은 못생긴 어머니를 부끄러워하지 않고 개는 주인집이 가난해도 꺼리지 않는다.

사람이 근본을 잊지 않도록 교육하는 데 쓰였으니, 부를 쌓았든 아니면 병들고 가난하든, 낳아주고 길러주신 부모님을 잊으면 안 된다는 것이다. 즉, 사람이든 동물이든 모두 그 근본에 보답하는 천진한 양심이 있다.

출처:《万年觞》-［清］朱䤿

- 父母要给子女树立正确的人生观，即使自己家贫穷，也不能嫌弃父母和家人，要爱自己的家，这就是人们常说的"子不嫌母丑，狗不厌家贫"。

- 我们家虽然经济条件不好，但是父母含辛茹苦把我们4个子女养大，我们从来都没有因为自己家贫穷而觉得丢脸，子不嫌母丑，狗不厌家贫嘛。

摄影：高悦

请在上边5个常用语中选择一个谈一谈你的看法

唱一唱
노래 부르자

　　《父亲》这首歌收录在2011年筷子兄弟发行的专辑《父亲》中。这首歌是微电影《父亲》的主题曲，表达了对父亲深深的思念，同时告诉我们要多关爱含辛茹苦的父母，不要留下"子欲孝而亲不待"的遗憾。这首歌获得了2012年感恩励志金曲奖和百度沸点年度十大金曲奖。

父亲

作词：王太利　　作曲：王太利　　演唱：筷子兄弟

总是向你索取¹却不曾说谢谢你
直到长大以后才懂得你不容易
每次离开总是装作²轻松的样子
微笑着说回去吧，转身泪湿眼底

‖ 多想和从前一样牵你温暖手掌
可是你不在我身旁，托清风捎³去安康⁴

※
时光时光慢些吧，不要再让你变老了
我愿用我一切，换你岁月长留
一生要强的爸爸，我能为你做些什么
微不足道的关心，收下吧！

谢谢你做的一切，双手撑⁵起我们的家
总是竭尽⁶所有，把最好的给我
我是你的骄傲吗？还在为我而担心吗？
你牵挂的孩子啊，长大啦！‖
　　　　　　　　D. S.

感谢一路上有你

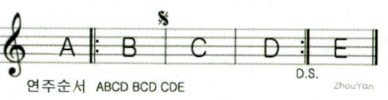

🎵 음악 공부 조금만 더 🎵

도돌이표와 달세뇨(D.S.)가 같이 있으면 도돌이표를 먼저 반복한 후 D.S.에서 세뇨(※)로 돌아갑니다. 피네(FINE)나 늘임표(⌒)가 안 나타나면 끝까지 연주합니다. 한번 반복한 도돌이표는 특별한 표시가 없다면 다시 반복하지 않아요.

　1)**索取** suǒqǔ 동 받아내려 독촉하다. 얻어내다. 2)**装作** zhuāngzuò 동 고의로 ~인 체하다. 3)**捎** shāo 동 인편에 보내다. 덧붙여 묶다. 4)**安康** ānkāng 형 평안하다. 5)**撑** chēng 동 받치다. 지탱하다. 6)**竭尽** jiéjìn 동 다하다. 모두 다 쓰다.

读一读 읽어보자

游子吟
[唐]孟郊

慈母手中线，
游子身上衣。
临行密密缝，
意恐迟迟归。
谁言寸草心，
报得三春晖。

유자음 (나그네의 노래)
[당]맹교

인자하신 어머니 실을 손에 들고,
길 떠나는 아들의 옷을 깁네.
떠나는 길 촘촘히 꿰매는 것은,
돌아오는 길 더딜까 걱정하는 마음이네.
누가 말했던가, 작은 풀 한 포기,
봄날 햇볕의 온기에 보답할 수 있다고.

注释

游子 yóuzǐ 나그네: 멀리 떠나는 사람

吟 yín 시적인 명칭

意恐 yì kǒng 두려움, 걱정

寸草心 cùncǎo xīn 어린 풀의 줄기, 자식의 마음을 비유한다.

报得 bào dé 보답

三春晖 sān chūn huī 봄의 찬란한 햇빛, 자애로운 어머니의 은혜를 비유한다.

请读一读上面这首古诗，并说一说你和父母之间的感情。

한시 감상 포인트

맹교(孟郊 751-814), 당나라 시인, 자는 동야(东野), 호주무강(湖州武康 지금의 저장성 더칭현 浙江德清) 사람. 현존 〈맹동야시집 孟东野诗集〉 10권, 시 500여 편이 있다. 맹교는 10살 때 아버지가 돌아가셨는데, 어머니 혼자 온갖 고생을 견디며 그와 두 명의 동생을 성인으로 키웠기 때문에, 그는 어머니와 특별히 깊은 정을 지니고 있었다.

그는 젊었을 때 집을 떠나 외지에서 공부하다가 46세에 이르러서야 진사에 급제하여 율양 현위(溧阳县尉)를 맡았다. 매번 과거 길을 떠나기 전에 어머니는 그의 여장을 잘 챙겨 주었다. 어느 날 새벽, 희미한 등불 아래서 어머니가 자신을 위해 옷에 한 땀 한 땀 바느질하는 정경을 보고 그는 〈유자음 游子吟〉이라는 이 시를 지었다. 이 시는 '천 리 길을 떠나는 아들을 걱정'하는 자애로운 어머니의 정이 듬뿍 담겨 있음은 물론, '누가 말했던가, 작은 풀 한 포기 봄날 햇볕의 온기에 보답할 수 있다고'라는 시구절로 효자의 마음을 잘 표현하고 있다.

练一练 연습해보자

1 请把下列A组词和B组词恰当的搭配用线连接起来

A • ---------- • B

放纵 ・　　・ 期
叛逆 ・　　・ 强
孝顺 ・　　・ 自己
溺爱 ・　　・ 孩子
虚荣心 ・　　・ 父母

A • ---------- • B

望子 ・　　・ 母担忧
娇生 ・　　・ 成龙
儿行千里 ・　　・ 母丑
子不嫌 ・　　・ 下梁歪
上梁不正 ・　　・ 惯养

2 请选择下列词语填空

A. 攀比　B. 虚荣心　C. 娇生惯养　D. 含辛茹苦　E. 享福

① 不要总和别人_____，要知足常乐¹，生活才会过得自在²。

② 为了满足父母的_____，孩子们的童年过得一点都不开心。

③ 表弟从小_____，到现在了还是什么事都不会干。

④ 这位伟大的母亲_____地供五个孩子读完了大学。

⑤ 王教授退休以后本来可以在家_____的，但是他为了学生重新回到学校继续上课。

1) 知足常乐 zhīzú cháng lè 형 만족을 알면 항상 즐겁다. 2) 自在 zìzai 형 편안하다. 안락하다.

3 请将学过的正确常用语写在横线上

① 去年，有一个背着母亲上大学的大学生引起了社会的广泛关注[1]，有人问他为什么这样做，他说："＿＿＿＿＿＿＿＿＿＿＿＿＿＿＿＿＿。我不能为了上大学而放下母亲不管！"

② 我的外甥女要去国外留学了，这是件多好的事啊！可是，我姐姐整天担心这、担心那的，真是＿＿＿＿＿＿＿＿＿＿＿＿＿啊。

③ 那位母亲已经80多岁了，身体也不好，可是每天去给儿子家打扫房间、照顾孙子，儿媳妇常常跟她吵架，她也不说什么，真是＿＿＿＿＿＿＿＿＿＿＿＿啊！

4 请自由回答下列问题

① 你觉得怎么样做才是孝顺父母的表现呢？

② 你最想和父母说的一句话是什么？

1) 广泛关注 guǎngfàn guānzhù 광범위한 관심(주목)

看一看 보자

为了赢在起跑线上

众所周知，在中国"三口之家"普遍存在，特别是现在三四十岁的年轻父母们大都是独生子女，他们从小像"小皇帝"一样被娇生惯养，而在他们结婚生子后，他们的下一代也以独生子女居多。父母们都望子成龙，非常重视对子女的培养和教育，尤其是为了让孩子赢在起跑线上，家长们可是下了不少功夫。

从"育儿专家式"的胎教和花样繁多[1]的幼教开始，孩子们的人生已经过早地被父母做了"规划"，那与自然同乐的无忧无虑的童年早就不知到哪儿去了。

上了小学和中学，除了学校的课程以外，父母们为了培养"全才"，给孩子报各种各样的课后班，除了英语、数学、作文等学校课程的补习班以外，还有乐器、舞蹈、演讲、书法、跆拳道等各种才艺[2]培训班。孩子们奔忙于各种培训班之间，早就没有了自己的业余时间。

摄影：孙嘉怡

近年来，"小留学生"现象也越来越突出。尽管有的家庭经济条件并不好，可是父母们省吃俭用，即使借钱，也要把孩子送到发达国家去读书，甚至在孩子还不具备独立生活能力的小学和初中阶段。事实上，据研究表明，中国的基础教育水平在世界是领先的，而小留学生现象的出现，是单纯为了让孩子赢在起跑线上，还是另有原因呢？

1)花样繁多 huāyàng fánduō 종류가 다양하다. 2)才艺 cáiyì 图 재능과 기예

출발선에서 이기기 위해

알다시피, 중국에는 '3인 가족'이 보편적으로 존재한다. 특히 현재 30~40대의 젊은 부모들은 대부분 외동인데, 그들은 어릴 때부터 '작은 황제'처럼 응석받이로 길러졌고, 그들이 결혼해 아이를 낳은 후 그들의 다음 세대도 외동 자녀가 많다. 부모들은 자녀의 성공을 바라 자녀들의 부양과 교육을 매우 중요시했고 특히 아이들이 시작부터 앞서가게 하기 위해, 학부모들은 정말 적지 않은 노력을 기울인다.

摄影: 赵羚辰

'육아 전문가'식 태교와 다양한 유아 교육에서 시작된 아이들의 인생은 이미 너무 일찍 부모에 의해 계획되어, 자연과 함께 즐기며 아무런 근심 걱정 없는 그런 어린 시절은 이미 어디로 가 버렸는지 알 수가 없다.

摄影: 马小雨

초등학교와 중학교를 다니면서, 부모들은 아이를 '만능인'으로 키우기 위해 학교 수업 외에 다양한 방과 후 수업을 듣게 한다. 영어, 수학, 작문 등 학교 수업에 필요한 학원 이외에도 악기, 춤, 웅변, 서예, 태권도 등 각종 예능반도 있다. 아이들은 여러 학원들 사이를 바쁘게 뛰어다니느라 일찍감치 자신의 여가 시간이 없어졌다.

최근 몇 년 사이에 '조기 유학생' 현상이 점점 두드러진다. 가정 경제 조건이 좋지 않음에도 불구하고, 부모들은 아껴 먹고 아껴 쓰며 돈을 빌려서라도 아이를 선진국으로 보내 공부시키려 한다. 심지어 아이들이 아직 독립적인 생활을 할 능력이 준비되지 않은 초등학교와 중학교 단계에서도 말이다. 실제 연구에 따르면, 중국의 기초 교육 수준은 세계에서 가장 앞서 있다. 그런데도 조기 유학 현상이 나타나는 것은 단순히 아이들을 시작부터 앞서가게 하기 위한 것인가? 아니면 다른 이유가 있는 것인가?

改一改 고쳐보자

克服代沟与子女沟通需要耐心，有时候父母忍不住就幼稚起来。

父母希望~~有~~子女聪明伶俐，为此多支持，多牺牲。（所以会为了子女牺牲自己来支持他们。）

~~但是~~有时候虚荣心强的父母为了自己的（虚荣心）满足~~也会~~盲目攀比。

小时候很听话的孩子，到了青春期也会~~有~~变化，有时会~~的~~变得很叛逆，有时会~~的~~变得很任性。

应该给处于人生起跑线上的子女做些什么？

父母~~如果~~多替他~~们~~做主，孩子~~那么~~就会变得娇生惯养，什么事都依靠父母。培养子女是人生最难的事。

第十课

不经历风雨，怎能见彩虹

비바람을 겪지 않고 어떻게
무지개를 볼 수 있겠는가?

聊一聊
이야기해보자

1. 你小时候的梦想是什么？现在的梦想呢？
2. 你的梦想实现了吗？

彩虹 cǎihóng　　　　理想 lǐxiǎng

放飞 fàngfēi　　　　实现 shíxiàn

坚持 jiānchí　　　　放弃 fàngqì

半途而废 bàntú'érfèi

学一学
배워보자

1 信念 xìnniàn 명 믿음, 신념

坚定信念 / 树立信念 / 必胜的信念

- 如果我们能怀着**必胜的信念**，并为之[1]不懈[2]地努力，就一定能取得成功。
- 一个人如果没有**信念**，那么，他很难找到人生方向，最终将迷失自己。

2 美妙 měimiào 형 미묘하다. 아름답고 절묘하다. 더없이 좋다.

美妙的音乐 / 美妙的人生 / 无比美妙

- 压力太大的时候，听听**美妙的音乐**，会让你的身心得到放松。
- 我认为**美妙的人生**不在于拥有[3]多少物质财富，而在于拥有多少快乐和幸福。

3 离谱 lípǔ 동 도리에 맞지 않다. 터무니없다. 새퉁스럽다.

<-> 靠谱 / 太离谱了 / 离谱的人 / 离谱的事

- 他这个计划**太离谱了**，完全不符合现实，是不可能实现的。
- 她做什么事情都不考虑实际情况，真是个很**离谱的人**。

4 畅想 chàngxiǎng 동 마음껏 생각하다. 자유롭게 상상하다.

畅想未来 / 畅想幸福的生活 / 心中的畅想

- 小时候，每个人都会**畅想**美好的**未来**，并在走向未来的路上努力前行。
- 我马上就博士毕业了，于是一边找工作，一边**畅想未来幸福的生活**。

1) 为之 wèi zhī 그것 때문에, 그것을 위하여 2) 不懈 bùxiè 형 게으르지 않다. 나태하지 않다. 태만하지 않다. 3) 拥有 yōngyǒu 동 보유하다. 가지다.

学一学
배워보자

5 沉浸 chénjìn 동 (물속에)잠기다. 몰두하다. (생각에)빠져들다.

沉浸在幸福中 / 沉浸在悲痛中 / 沉浸式教育 / 沉醉[1]

- 那对新婚夫妻正沉浸在无比的幸福之中。
- 那里发生了大地震，很多人失去了亲人，但为了继续生活下去，沉浸在悲痛中的人们开始重建自己的家园。

6 遗憾 yíhàn 명 유감, 후회, 여한 동 유감이다. 안타깝다.

令人遗憾 / 深感遗憾 / 留下遗憾

- 最近听说我的一个大学前辈，本来是一位年轻有为[2]的中学校长，可是，由于得了癌症去世了，真是令人遗憾啊。
- 年轻的时候，想做的事情就要努力尝试[3]去做，不能留下任何遗憾。

7 虚幻 xūhuàn 형 비현실적인, 허황한

虚幻的假象 / 虚幻的梦想

- 那家公司为了得到政府的扶持[4]，编造[5]了很多数据[6]，制造了很多假象，但是，考察[7]人员没有被虚幻的假象欺骗[8]，对他们的欺骗行为进行了处理。
- 我们在追求梦想的时候，要实事求是[9]，不要追求虚幻的梦想。

8 荒唐 huāngtáng 형 황당하다. 터무니없다.

荒唐的事 / 荒唐的想法

- 那家公司的老板竟然要求员工互相打耳光[10]，能做出这么荒唐的事，简直让人无法理解。
- 他要让我们都穿上比基尼去表演，这个想法太荒唐了吧？

---

1)沉醉 chénzuì 동 (비유)심취하다. 깊이 빠져들다. 만취하다. 2)有为 yǒuwéi 동 장래성이 있다. 유능하다. 유망하다. 3)尝试 chángshì 동 시행해 보다. 시험해 보다. 시도해 보다. 4)扶持 fúchí 동 부축하다. 지원하다. 돕다. 5)编造 biānzào 동 편성하다. 조작하다. 6)数据 shùjù 명 데이터, 통계 자료. 7)考察 kǎochá 동 현지 조사하다. 시찰하다. 8)欺骗 qīpiàn 동 기만하다. 속이다. 9)实事求是 shíshì-qiúshì 성 실사구시, 사실을 토대로 진리를 탐구하다. 10)耳光 ěrguāng 명 뺨, 따귀, 귀싸대기

9 点燃 diǎnrán 통 불을 붙이다. 점화하다.

点燃蜡烛 / 点燃火炬 / 点燃梦想 / 点燃热情

- 昨天，我们班给韩成浩同学过生日，点燃生日蜡烛¹以后，我们用汉语唱了《祝你生日快乐》。
- 大学生们正处在²人生的春天，就应该勇敢地点燃热情和梦想，勇往直前。

10 追求 zhuīqiú 통 추구하다. 탐구하다. (이성을)쫓아다니다.

追求女朋友 / 追求浪漫 / 追求理想 / 不懈地追求 / 勇敢地追求

- 你们俩是什么时候开始谈恋爱的？是谁先追求谁的呢？
- 最近中国的老人们也特别有追求，他们也开始去旅游，去做志愿者，去完成自己年轻时未完成的梦想。

11 脚踏实地 jiǎotà-shídì 성 일하는 것이 착실/견실하다.

实事求是

- 成功不是靠虚幻的梦想，而是要靠脚踏实地的努力。
- 他为了实现自己的理想，一直不断地学习，工作中也一步一步地脚踏实地，终于取得了成功。

12 有朝一日 yǒuzhāo-yīrì 성 언젠가는, 어느 날엔가는, 머지않아

终有一天 / 总有一天

- 我们应该养成良好的生活习惯，否则，有朝一日疾病一定会找上门³来的。
- 虽然现在你的老板不重视你，但是，只要你脚踏实地坚持下去，有朝一日一定会被他认可⁴的。

---

1)蜡烛 làzhú 명 초, 양초 2)处在 chǔzài 통 (상태, 환경, 시간)에 처하다. (장소는 쓸 수 없음)
3)上门 shàngmén 통 방문하다. 4)认可 rènkě 통 인정하다. 허락하다. 인가하다.

学一学

배워보자

⑬ **如愿以偿** rúyuànyǐcháng 図 바라는 대로 되다. 소원을 성취하다.

> 心想事成 / 梦想成真 / 事与愿违[1]

- 妈妈答应我这考试次考得好的话，就带我去海外旅行，我这次考了满分，终于可以如愿以偿了。
- 你不是说想吃中国菜吗？如果你在这次汉语演讲比赛[2]中获奖的话，我就让你如愿以偿，请你吃中国菜。

⑭ **梦寐以求** mèngmèiyǐqiú 図 꿈속에서도 바라다. 자나깨나 갈망하다.

> 做梦都想……

- 这个限量版的CD是我梦寐以求的，今天终于买到了，真是开心极了。
- 我现在梦寐以求的就是顺利通过博士毕业论文答辩[3]。

⑮ **梦想成真** mèngxiǎng chéng zhēn 꿈은 이루어진다.

- 我明天就要回国了，感谢大家这段时间对我的帮助，祝你们今后一切顺利，梦想成真！
- 我一直希望能有机会展示[4]我的汉语水平，这次参加了"汉语桥[5]"比赛，并且获了奖，终于梦想成真了！

 1)事与愿违 shìyǔyuànwéi 図 일이 뜻대로 되지 않다. 2)演讲比赛 yǎnjiǎng bǐsài 웅변대회 3)毕业论文答辩 bìyè lùnwén dábiàn 졸업 논문 구술시험 4)展示 zhǎnshì 图 전시하다. 펼쳐 보이다. 나타내다. 5)汉语桥 Hànyǔqiáo 한어교(중국어를 모국어로 하지 않는 사람들이 전 세계에서 모여 중국어 실력을 겨루는 대회, 중국과 관련된 일반 상식, 토론, 웅변, 연기, 특기 등을 겨룬다)

 请用所学的词语说一说

* 你最离谱的一个梦想是什么？

    参考词语： 离谱、荒唐、虚幻、沉浸、畅想

* 你有什么遗憾吗？

    参考词语： 遗憾、信念、梦寐以求、梦想成真、有朝一日

谈一谈
토론해보자

关于梦想的常用语

1 老骥伏枥，志在千里；烈士暮年，壮心不已。

🔍 늙은 천리마는 마구간에 누워 있어도 그 뜻은 천 리를 달리고 있고, 열사는 늙어도 그 웅대한 포부는 멈추지 않는다.

삼국지에 등장하는 조조는 정치가, 전략가, 행정가로서 위대한 업적을 남겼을 뿐만 아니라 문장가로서 많은 글을 남기기도 했다. 그의 나이 53세에 동쪽 변방의 골칫거리였던 오환을 정벌하고 개선하는 길에 그가 남긴 시《步出夏门行》에 나오는 네 번째 글귀로, 비록 나이 들어 늙었지만 자신이 지향하는 원대한 포부는 아직 버리지 않았음을 나타내는 글이다.

출처:《龟虽寿》 - [三国/魏]曹操

💬 비슷한 성어
- 宝刀不老 / 宝刀未老

→ 别看¹他退休了，年纪大了，可是他老骥伏枥，志在千里，已经做好了下一步的计划。

→ 常言道，老骥伏枥，志在千里。现在的老年人身体条件好，经验又丰富，能为社会做很多贡献呢。

2 不忘初心，方得始终。

🔍 초심을 잊지 말아야 유종의 미를 거둘 수 있다.

우리에게 어떤 일을 하든지 최초의 신념을 가져야 하고, 그래야 마지막에 성공할 수 있다고 충고한다. 또한 몇몇 성공한 사람들이 공을 세워 이름을 날린 후 우쭐해지지 않도록 경계하는 데 쓸 수 있고, 부부간에 고난을 같이 하고 동고동락하도록 설득하는 데도 쓸 수 있다.

출처:《大方广佛华严经》 - 大乘佛教

→ 有的人在取得一些成绩后，就忘记了自己最初的梦想，结果走上了歪路。因此，无论何时，我们都得铭记"不忘初心，方得始终"这个道理。

→ 小时候，父母常常告诫²我要脚踏实地，不忘初心，方得始终。几十年来，我一直铭记着，从来没有忘记过。

---

 1)别看 biékàn [接] 비록 ~지만(=虽说, 虽然) 2)告诫 gàojiè [동] (윗사람이 아랫사람에게)타이르다. 훈계하다.

3) 不经历风雨，怎能见彩虹。

🔍 비바람을 겪지 않고 어떻게 무지개를 볼 수 있겠는가?

> 바람과 비(风雨)를 어려움, 즉 고난과 역경에 비유하고 무지개(彩虹)를 성공에 비유하여, "风雨过后会有彩虹(비바람이 지나간 뒤에야 무지개가 나타난다)". 즉, '고난과 역경을 겪은 후에야 성공할 수 있다'는 의미를 담은 속담이다.
>
> 출처: 歌曲《真心英雄》

💬 비슷한 시, 성어, 속담
- 梅花香自苦寒来 / 苦尽甘来 / 不经一番寒彻骨，怎得梅花扑鼻香。
- 고생 끝에 낙이 온다. 비 온 뒤에 땅이 굳어진다.

➔ 生活中经历艰难困苦¹不要怕，正所谓"不经历风雨，怎能见彩虹"，只要坚持到底，就一定能取得成功。

➔ 在追求梦想的路上，有成功，也会有失败，不经历风雨，怎能见彩虹？没有人能随随便便成功。

4) 鱼和熊掌不可兼得。

🔍 물고기와 곰 발바닥을 다 가질 수는 없다.

> 물고기도 갖고 싶고 곰 발바닥도 갖고 싶다. 하지만 물고기는 강으로, 곰 발바닥은 산으로 가야 얻을 수 있으니 두 가지를 동시에 가질 수는 없다. 둘 중에 하나를 선택해야 한다면 물고기(생명에 비유)를 버리고 곰 발바닥(정의에 비유)을 택하겠다는 맹자의 말에서 생겨난 고사성어이다. 두 가지를 함께 가질 수 없을 경우에는 더 중요하고 소중한 것을 선택한다는 말인데 시간이 흐르면서 둘 중 하나만 선택해야 한다는 의미로 변하였다.
>
> 출처: 《孟子·告子上》 - [战国]孟子

💬 비슷한 속담
- 두 마리 토끼를 다 잡을 순 없다.

➔ 这两个中你必须放弃一个，不要太贪心，因为鱼和熊掌²不可兼得。

➔ 无论做什么事，都得先做主要的、紧急的，鱼和熊掌不可兼得，否则，可能哪一件都做不好。

1) 艰难困苦 jiānnán kùnkǔ 어렵고 곤란하다. 어려움과 고생 2) 熊掌 xióngzhǎng 몡 곰 발바닥

谈一谈
토론해보자

5) 梦想还是要有的，万一实现了呢？

🔍 꿈은 있어야 한다, 혹시라도 이루어질 수 있으니!

사람은 모든 것을 잃어도 되지만 꿈을 잃어서는 안된다. 꿈이 있으면, 꿈을 이루기 위해 분투할 것이다.

중국 알리바바 창업주인 마윈(马云)이 연설할 때 한 말로, 중국에서 최근 몇 년 동안 가장 유행한 인터넷 용어가 되었다.

출처: 中国阿里巴巴创始人马云

- 现在有些大学毕业生因为一时找不到满意的工作，就呆在家里啃老[1]。但是，梦想还是要有的，万一实现了呢！只要坚持为梦想而努力，就一定会梦想成真。

- 这次公务员考试又失败了，就在我失去信心的时候，我的好朋友告诉我"梦想还是要有的，万一实现了呢"，于是，我又鼓起勇气，决定下次再战。

 请在上边5个常用语中选择一个谈一谈你的看法

1) 啃老 kěn lǎo (폄하) (다 큰 자녀가/결혼한 자녀가) 부모에게 얹혀 살다.

唱一唱
노래 부르자

　　《千山万水[1]》这首歌收录于2008年5月2日由第29届奥林匹克运动会组织委员会发行的专辑《北京2008年奥运会歌曲专辑》中。这首歌是专为北京奥运会而创作的，"我态度坚决"、"起跑后绝不撤退"、"有目标就不累……远远抛开一切，过千山万水"，表现了中国人勇往直前追求梦想的精神和文化精髓[2]。

千山万水

作词：方文山　作曲：周杰伦　演唱：周杰伦

千山万水，无数黑夜，等一轮明月
梦的边陲[3]，风吹不灭，从不感疲惫[4]
‖ 东方无愧[5]，第一是谁，让我们追求完美
我态度坚决[6]，面朝北，平地一声雷
做好准备，这一回，起跑后绝不撤退[7]
痛快一起努力的感觉
我们拥有同样的机会

※
梦想挟带[8]眼泪，咸咸的汗水
你我同个世界，爱从中穿越[9]
梦与希望在飞，我向前去追
有目标就不累，等着我超越 ‖
D.S.

远远抛开[10]一切，过千山万水

🎵 음악 공부도 끝 🎵
중국어 공부하며 악보까지 공부하느라 수고하셨습니다. 머릿속에서 잠자고 있던 악보 기호들 다시 깨우는 데 조금이나마 도움이 되었으면 좋겠습니다. 다행히 열 번째 곡은 그리 복잡하지 않아 노래 들으며 가사를 따라가기가 어렵지 않을 거라 생각됩니다.

1) 千山万水 qiānshān-wànshuǐ [성] 멀고 험한 길, 수없이 많은 산과 강 2) 精髓 jīngsuǐ [명] 정수, 진수 3) 边陲 biānchuí [명] 변경, 변방 4) 疲惫 píbèi [형] 완전히 지치다. 녹초가 되다. 5) 无愧 wúkuì [동] 부끄럽지 않다. 손색이 없다. 6) 坚决 jiānjué [형] 단호하다. 결연하다. 7) 撤退 chètuì [동] 철수하다. 물러나다. 8) 挟带 xiédài [동] 몰래 지니다. 몸속에 몰래 숨기다. 9) 穿越 chuānyuè [동] (산, 들 등을)넘다, 통과하다. 10) 抛开 pāo kāi 떨쳐버리다. 내버리다.

读一读 읽어보자

登鹳雀楼
[唐]王之涣

白日依山尽，
黄河入海流。
欲穷千里目，
更上一层楼。

등관작루 (관작루에 올라)
[당]왕지환

해는 서산에 기대어 저물고,
황하는 바다로 흘러간다.
천 리를 보려면
한층 더 올라야 하리.

注释

鹳雀楼 Guànquè Lóu 관작루: 산시성 영지시(山西永济)에 있으며, 북조 시대에 건축되었다. 건물은 장관이며, 구조는 독특하고 정교하다.

白日 báirì 백일: 태양

依 yī 의존하다. 기대다.

欲 yù 원하다. 하려고 하다.

穷 qióng 전부의, 모든, 극에 달하게 하다.

千里目 qiān lǐ mù 천 리 목: 멀리 보다. 시야가 넓은 것을 표현

请读一读上面这首古诗，并说一说人生中如何更上一层楼？

한시 감상 포인트

왕지환(王之渙 688-742), 자는 계릉(季凌), 본관은 진양(晋阳 지금의 산시성 타이위엔시 山西太原), 당나라 시인이다. 그의 시는 현재 6수밖에 남아 있지 않지만, 이 오언 절구 〈등관작루〉는 그의 이름을 천고에 드리웠다.

이 시는 작가가 높은 곳에 올라 멀리 바라본 강산의 드높은 기세와, 웅장하고 아름다운 광경을 묘사하였으며, 시인의 범상치 않은 도량과 원대한 포부를 표현하였고, 또한 성당시대[1] 사람들의 적극적인 진취 정신을 반영하였다. 특히 시의 뒷부분 "欲穷千里目，更上一层楼" 이 두 구절은 수백 년 동안 줄곧 사람들을 격려해 왔다.

〈더 높이 서야만 비로소 더 멀리 볼 수 있다〉는 뜻의 이 구절은, 사람들이 격려와 축복을 표현하는 천고의 명구가 되었을 뿐만 아니라 국가의 중대한 정치와 외교 상황에서도 자주 인용되고 있다. 2013년 6월 한국 박근혜 전 대통령의 방중 기간에 중국 시진핑 주석이 서예 작품을 선물했는데, 그 내용이 바로 이 〈등관작루〉이다. 이 시는 왕지환을 천고에 빛나게 했을 뿐 아니라 관작루를 모든 사람이 알게 하고, 심지어 외국에까지 널리 알려졌다.

관작루는 산시성 용지시(山西永济)에 위치하고 있으며, 북주(北周 서기 557-571)에 건립되었으며, 원래는 군사 방어루였는데 원나라 초 전란으로 소실되었다. 2001년 7월 용지시는 그 옛터 부근에 관작루를 복원하여 2002년 9월 관광객들에게 정식으로 개방하였다.

1) **성당시대(盛唐时期):** 당태종과 현종 사이의 100여 년을 말하며, 이 시대에 문학과 예술 등이 찬란하게 꽃을 피웠다. 왕유, 이백, 두보가 이 시대 사람들이다.

练一练   연습해보자

1 请把下列A组词和B组词恰当的搭配用线连接起来

A •----------• B

美妙的 •   • 音乐
畅想 •   • 假象
深感 •   • 实地
虚幻的 •   • 遗憾
脚踏 •   • 未来

A •----------• B

如愿 •   • 怎能见彩虹
梦想 •   • 志在千里
鱼和熊掌 •   • 成真
老骥伏枥 •   • 不可兼得
不经历风雨 •   • 以偿

2 请选择下列词语填空

A. 靠谱   B. 信念   C. 梦寐以求   D. 脚踏实地   E. 遗憾

① 人要有＿＿＿＿，但光有＿＿＿＿还不够，要付出行动，还要坚持。(같은 단어)

② 不要每天都沉浸在虚无缥缈[1]地幻想中，一定要＿＿＿＿才能实现梦想。

③ 爷爷说他这辈子最大的＿＿＿＿就是没有好好念书。

④ 这么重要的事，你怎么安排给一个这么不＿＿＿＿的人啊？

⑤ 他终于踏上了＿＿＿＿的南极大陆，看到了活生生[2]的企鹅[3]。

1)虚无缥缈 xūwú-piāomiǎo 형 허무맹랑하다. 헛되고 실속 없다. 2)活生生 huóshēngshēng 형 생생하다. 생동감 넘치는, 생명력 있는 3)企鹅 qǐ'é 명 펭귄

3 请将学过的正确常用语写在横线上

① 虽然你这次资格考试没有通过，但不要放弃，＿＿＿＿＿＿＿＿＿＿
＿＿＿＿＿＿＿，只要你继续努力，就一定能通过考试的。

② 最近，我有了两个好机会，可是我还没决定，是留在公司等待升职，
还是拿奖学金去中国留学，我只能二选一，＿＿＿＿＿＿＿＿＿＿
嘛，所以我必须好好儿考虑考虑。

③ 那位校长退休后，一直坚持做特殊教育学校的志愿服务活动，＿＿＿
＿＿＿＿＿＿＿＿＿＿＿＿＿＿＿，真令人敬佩。

4 请自由回答下列问题

① 如果事与愿违，你会怎么办？

② 你面临过两难的选择吗？你是怎么选择的？

看一看 보자

自强不息的时代追梦人

在每个国家，每个时代，都会有那个时代代表性的人物，下面要介绍的这位就是对上个世纪80年代中国年轻人的人生观和梦想产生过巨大影响的"时代追梦人"。

她叫张海迪，1955年出生在山东省文登市，五岁时因患脊髓血管瘤[1]导致[2]高位截瘫[3]，但她身残志坚，为了追求梦想，自学完成了小学、中学和大学的知识，直到成为哲学硕士和英国约克大学[4]荣誉博士。

她曾被誉为"八十年代新雷锋[5]"和"当代保尔[6]"，1983年全国开展[7]了向张海迪学习的活动，现在四五十岁的中国人都曾受到过她的积极影响。目前，她是中国著名残疾人作家，代表作《生命的追问[8]》《轮椅[9]上的梦》和《绝顶[10]》等，曾获得全国"五个一工程[11]"图书奖和首届[12]中国出版集团图书奖。

几十年来，她一直致力[13]于残疾人事业，现任中国残联主席[14]、北京冬奥组委会[15]执行主席、中国残奥委员会[16]主席。最近两年还获得了"十大女性新闻人物"（2018）和"最美奋斗者[17]"（2019）荣誉称号。

---

1)脊髓血管瘤 jǐsuǐ xuèguǎn liú 척수혈관종양 2)导致 dǎozhì 통 야기하다. 초래하다. 3)高位截瘫 gāowèi jiétān 사지마비 4)约克大学 Yuēkè dàxué 요크대학교 5)雷锋 Léi Fēng(1940~1962)중화인민 공화국 인민 영웅의 한 사람 6)保尔 Bǎo'ěr 영어 이름 Paul 7)开展 kāizhǎn 통 (활동이 작은 범위에서 큰 범위로)전개되다. 8)追问 zhuīwèn 통 캐묻다. 추궁하다. 9)轮椅 lúnyǐ 명 휠체어 10)绝顶 juédǐng 명 최고봉, 정상 11)五个一工程 wǔ gè yī gōngchéng 우수한 사회 과학 5개 분야(이론 문장, 도서, 연극, 노래, 드라마/영화)에 대한 표창(1992년 중국선전부에 의해 시작됨)

자강불식한 시대의 꿈을 좇는 사람

　각 국가에는 어느 시대마다, 그 시대를 대표하는 인물들이 있다. 다음으로 소개하려는 이 분은 바로 지난 세기 80년대 중국 젊은이들의 인생관과 꿈에 거대한 영향을 미친 '시대의 꿈을 좇는 사람'이다.

　1955년 산둥성 원덩시에서 태어난 장하이디는 다섯 살 때 척수혈관종양으로 인해 사지가 마비되었다. 그녀의 몸은 불구였지만 그 의지는 굳셌다. 꿈을 이루기 위해 철학 석사와 영국 요크대학교 명예 박사가 될 때까지 초등, 중고등, 대학의 지식을 독학으로 완성했다.

　그녀는 일찍이 '80년대의 신 레이펑' 그리고 '당대의 폴'이라 불렸고, 1983년 〈장하이디에게 배우자〉는 캠페인이 전국적으로 전개되었다. 현재 4, 50대 중국인들은 이미 그녀에게 긍정적인 영향을 받았다. 현재 그녀는 중국의 저명한 장애인 작가로, 대표작으로 〈삶의 물음〉, 〈휠체어의 꿈〉 그리고 〈절정〉 등이 있으며, 이미 전국 '오개일공정'의 도서상과 제1차 중국 출판 단체의 도서상을 받았다.

　수십 년 동안 그녀는 장애인 사업에 힘써왔으며 현재 중국 장애인 연합 의장, 베이징 동계 올림픽 조직위 집행위원장, 중국 장애인 올림픽 위원회 위원장 직을 맡고 있다. 최근 2년간 '10대 여성 언론인(2018)'과 '최미분투자(2019)'라는 영예로운 칭호를 받았다.

12) 首届 shǒu jiè 제1차 13) 致力 zhìlì 동 진력하다.힘쓰다. 14) 主席 zhǔxí 명 주석, 위원장, 의장
15) 冬奥组委会 dōng'àozǔwěihuì 冬季奥林匹克运动会组织委员会의 약칭 16) 残奥委员会 cán'àowěiyuánhuì 残疾人奥林匹克委员会의 약칭 17) 最美奋斗者 zuì měi fèndòu zhě 가장 아름다운 분투자: 중국 중앙판공청이 중화 인민 공화국 수립 70주년을 축하하며 국가의 홍보 교육 활동 등에 큰 기여를 한 사람에게 표창하는 칭호이다.

改一改 / 고쳐보자

葵花的梦想

A: 我是一颗梦想~~多~~**有很多**的葵花~~子~~**籽**。到明年春天我要成长又高又~~美妙~~**漂亮**的葵花~~多~~**籽**。所以我现在在脚踏实地地填我的~~内面~~**好好地吸收养分，充实自己**。可是因为我不能自己移动所以我每天做梦~~谁~~**幻想着**把我送到~~另一个~~好地方。在阳~~晒~~**充满阳光**好的小坡上我要实现梦寐以求的梦想。

B: 我也**是**一颗浪漫充满的葵花籽。如果你和我还有我们朋友的梦想都会如愿以偿的话多好啊！希望你的梦想一定~~能~~**会实现**成真。

C: 我也希望你们的梦想都会实现。但是如果那样的话，地球都会被葵花覆盖~~了~~。那么在马路对面~~里~~**的**其他花的梦想怎么办？而且蝴蝶不得不只吃葵蜜生活一辈子。你们难道不~~愿~~**是想要**这样的结果吗**吧**？虽然听起来有点荒唐，我们中大部分不得不~~成~~**为**炒瓜子或者~~成~~**被**葵花籽油会送到超市。所以**不**要沉浸~~虚~~**在幻**约的梦里，找一找现在能做的事儿**吧**。

A: 听到你说的话我很悲伤，你觉得现在我们做什么最好**呢**？

C: ~~像~~**还像**现在**这样**做着一样**就行**，继续向太阳~~享受~~**晒**你的生活。那样做的话，有朝一日你们~~已经~~**就会**成~~了~~**为**完美的葵花**籽**。然后你们中几个去好地方，一定会重新成长**为**美妙的葵花。

B: 那么谁重新成为葵花，谁成为炒瓜子？

C: 那么我也不知道，可是你是我，我也就是你，还有我是你们，你们也就是我。别忘了我们都是一样的葵花籽。所以你们的梦想成真的就跟我的梦想成真的一样。这就是我们和其他生命都一起**生活在这个地球的道理**~~相生的原理~~。

A: 听到你说的话虽然理解可是悲伤的心情没消失。**我还是觉得很难过**。无论如何，我希望我们中~~谁~~**不管是谁，要**的梦想一定会实现。谢谢你。

부 록

부록1 学一学, 谈一谈 예문해석
부록2 练一练 정답/해석
부록3 단어 찾아보기
부록4 속담 모아보기

부록 1

学一学, 谈一谈 예문해석

1과 백성은 먹는 것을 하늘로 여긴다

学一学 해석 ▶ 3쪽

1 营养
- 영양 과잉은 비만의 주요 원인 중 하나다.
- 현대인은 영양을 중시하고, 음식물의 영양 성분 균형에 신경 쓴다.

2 主食
- 중국인의 하루 세 끼 중 가장 보편적인 주식은 밥과 만토우이다.
- 어떤 사람들은 살을 빼기 위해 밥을 먹지 않거나 아주 조금 먹는다.

3 酥脆
- 베이징 도향촌의 과자는 바삭바삭한 것도 있고 말랑말랑한 것도 있는데 모두들 아주 좋아한다.
- 꿔바로우(탕수육)는 겉은 바삭하고 속은 부드럽고, 새콤달콤하며 아주 맛있다.

4 清淡
- 나이가 들면, 먹는 게 담백해야 한다. 되도록이면 기름도 적게 소금도 적게 넣어야 한다.
- 대부분의 한국 음식은 비교적 담백한 편인데, 이것이 바로 한국인들이 대부분 날씬한 이유일지도 모른다.

5 下饭
- 라오깐마는 요즘 중국은 물론이고 전 세계적으로도 크게 유행하고 있는 신박한 반찬거리이다.
- 김치찌개는 내가 가장 좋아하는 반찬 중 하나다.

6 招牌
- 식당에 가서 밥을 먹을 때, 사람들은 보통 추천 요리(간판 요리)를 먼저 주문한다.
- 요리사들은 요리의 매 단계마다 특별히 신경을 쓴다. 그렇지 않으면 명성을 잃을 수 있다.

7 卖相
- 내가 만든 요리는 맛은 좋은데 모양은 좀 빠진다.
- 중국 요리는 색, 향, 맛을 두루 갖추는 걸 중히 여긴다.

8 食欲
- 나는 요즘 업무 스트레스가 심해서 식욕이 전혀 없다.
- 반년 만에 집에 돌아와 엄마가 해준 음식을 보니 갑자기 식욕이 돋는다.

9 年夜饭
- 중국인에게 일 년 중 가장 중요한 한 끼로 설맞이 음식을 꼽을 수 있다.
- 섣달 그믐날에는 집집마다 모두 풍성한 설맞이 음식을 준비해야 한다.

10 五谷杂粮
- 다양한 곡물을 섭취해야 영양의 균형을 잡을 수 있다.
- 사람이 다양한 음식을 먹는다고 어디 병이 안 걸리겠냐?

11 垃圾食品
- 보편적으로 튀김류는 불량 식품으로 여겨진다.
- 건강을 위하여 불량 식품은 되도록 먹지 말자.

12 山珍海味
- 아이의 눈에는 어떠한 산해진미도 엄마가 해준 소박한 음식만 못하다.
- 나는 산해진미도 물론 좋지만, 조촐한 식사도 좋다고 생각한다.

13 津津有味
- 그는 마라샤오롱샤(麻辣小龙虾)를 정말 좋아해. 봐, 맛있게 먹잖아.
- 보아하니 그 책 재미있나 봐. 그가 오후 내내 흥미진진하게 읽었어.

14 细嚼慢咽
- 밥을 먹을 때는 서두르지 말고 천천히 잘 씹어 먹어야 몸에 좋다.
- 나는 어려서부터 천천히 잘 씹어 먹는 습관을 들여서 항상 다른 사람보다 느리게 먹는다.

15 五味俱全
- 친구 집에 손님으로 갔는데, 그녀가 차려준 음식은 정말 모든 게 완벽했다.
- 그는 어려서부터 인생의 쓴맛 단맛을 다 봐서 어른이 된 후 삶에 임하는 태도가 남다르다.

谈一谈 해석 ▶ 8쪽

1. 哑巴吃黄连，有苦说不出
- 나는 가족들 몰래 그에게 돈을 빌려줬지만 그는 계속 돈을 갚지 않았고, 지금은 나도 돈이 없으니, 정말로 벙어리가 황련을 먹고, 쓰지만 말을 하지 못하는 심정이구나.
- 그녀는 결혼한 지 얼마 안 되어 이혼을 해서, 지금은 당초 부모의 말을 듣지 않은 것을 후회하는데, 정말로 벙어리가 황련을 먹고, 쓰지만 말을 하지 못하는 심정이구나.

2. 酒香不怕巷子深
- 비록 술 향은 골목 깊은 걸 두려워하지 않는다고 하지만, 나는 식당은 교통이 편리한 곳에 자리잡는 것이 좋다고 생각한다.
- 지금의 시장 경쟁이 이렇게 치열하니, 기업은 제품의 품질 보증뿐 아니라, 브랜드 홍보에 더욱 힘써야 한다. 왜냐하면 "술 향은 골목 깊은 걸 두려워하지 않는다"는 시대는 이미 지나갔기 때문이다.

3. 饱汉子不知饿汉子饥
- 네가 이미 공무원이 되었다고, 내가 공무원 시험에 합격하지 못해도 괜찮다고 하니, 너는 자기 배부르다고 남 배고픈 줄 모르는 것 아니니?
- 나는 정말 여자 친구를 만나서 빨리 결혼하고 싶은데, 형은 오히려 "넌 아직 어려, 서두르지 마"라고 말하니! 그는 정말 자기 배부르다고 굶주린 사람의 배고픔을 모르는 사람이구나.

4. 人是铁，饭是钢，一顿不吃饿得慌
- 아이야, 하루 세 끼 꼭 잘 먹어라, 사람이 철이면 밥은 강철이라 한 끼를 먹지 않으면 배가 고파 견딜 수가 없단다.
- 나는 네가 이번에 실패해서 매우 힘들다는 걸 알지만, 너는 이미 하루 종일 아무것도 먹지 않았어, 사람이 철이면, 밥은 강철이야. 그냥 좀 먹어! 배가 불러야 다시 시작할 수 있어.

5. 癞蛤蟆想吃天鹅肉
- 그녀는 부잣집 딸이고 그는 단지 가난한 녀석일 뿐인데, 그녀와 결혼할 생각이야? 정말이지 두꺼비가 백조 고기를 먹으려 하는구나, 절대 불가능해.
- 비록 예쁘지는 않지만, 그녀가 한사코 스타가 되려고 하자 가족들조차 그녀를 분수를 모르는 사람이라고 말했다.

2과 술은 지기를 만나면 천 잔도 모자란다

学一学 해석 ▶ 21쪽

1. 劝酒
- 음주 운전은 결코 장난 삼아 할 일이 아니다. 더욱이 요즘 중국의 음주 운전 처벌이 갈수록 엄해지고 있어서, 모두들 "나 차 가지고 왔어"라며 술을 사양한다.
- 한국인에 비해, 중국인의 권주 방식이 다양한 편이다.

2. 酒驾
- 술을 마셨으면 운전하지 마라. 음주 운전은 위험하다.
- 곧 춘절(설날)이라, 거리 곳곳에 음주 단속 경찰이 깔려있다.

3. 酒坛子
- 예전에 사람들은 잘 빚어진 바이주를 술 단지에 보관했다.
- 왕 백부님은 술 마시는 걸 너무 좋아하셔서, 아마 자신은 전생에 술 단지였을 거라고 말씀하신다.

4. 酒鬼
- 그는 매일 술을 마신다. 심지어 어떤 때는 아침에 일어나서 바로 마신다. 그야말로 술꾼이다.
- 남자 친구를 찾는다면 절대로 술꾼을 만나면 안 돼. 날마다 만취해 있으면 어떡해?

5. 清醒
- 음주가 지나치면 정신이 흐릿해질 수 있다.
- 복잡한 일과 마주쳤을 때 우리는 정신을 바짝 차려야 한다.

6. 醉醺醺
- 남편이 만취해 집에 돌아온 모습을 본 아내는 참지

부록 1

学一学, 谈一谈 예문해석

못하고 잔소리를 하기 시작했다.
- 그는 최근 사업에 실패하여 매일 술이 거하게 취해 있다. 빨리 그가 기운을 냈으면 좋겠다.

7 应酬
- 오늘 저녁에 회사로 오는 손님이 있으니 응대 좀 해주세요.
- 비록 내가 접대를 좋아하지 않지만, 사교 장소에서는 접대하는 척이라도 해야 한다.

8 以茶代酒
- 죄송하지만 저는 술을 못해서, 어쩔 수 없이 술 대신 차로 여러분께 한잔 권하겠습니다. 건배!
- 모두들 친구이니 술은 마음대로, 술을 마실 수 없는 사람은 차로 대신해도 좋아요.

9 戒酒
- 몸이 안 좋아서 술을 끊은 지 벌써 3년이 넘었다.
- 일반적으로, 술을 끊는 것이 담배를 끊는 것보다 쉬운 편이다.

10 灌醉
- 입사 후 동료들과의 첫 술자리에서 받아 마신 술에 취해버렸다.
- 내가 그를 취하게 하고 싶었던 게 아니고 그가 스스로 마신 것이다.

11 下酒菜
- 량차이(냉채), 파이황과(중국식 오이무침), 차오화성미(땅콩 볶음) 등은 중국 북쪽 지방의 식탁에서 흔히 볼 수 있는 술안주이다.
- 술을 마실 때는 입에 맞는 안주를 곁들여야 한다.

12 灯红酒绿
- 어떤 사람들은 사치스럽고 방탕한 생활을 즐겨 찾아 다니고, 자기 스스로의 노력으로 살아갈 줄 모른다.
- 그는 줄곧 방탕한 생활을 해와서 청춘을 다 낭비하고 나서 비로소 후회했다.

13 酒足饭饱
- 오늘 친구들과의 모임에서 모두들 잘 먹고 잘 마시니 매우 즐겁다.
- 마음껏 먹고 마시고 나니 아무 일도 하기가 싫다. 그냥 쉬고 싶다.

14 酒肉朋友
- 친구의 도움이 정말 필요할 때, 술친구는 종종 그다지 도움이 되지 않는다.
- 그는 부모님의 말을 듣지 않고 몇 명의 술친구들과 어울려 하루 종일 먹고 마시고 논다.

15 花天酒地
- 그 재벌 2세는 늘 몇몇 술친구들과 주색에 빠진 방탕한 생활을 하며, 아버지 돈을 많이 썼다.
- 부모님은 평생 아껴 먹고 아껴 쓰셨는데, 우리는 무슨 이유로 방탕한 생활을 하는 것인가?

谈一谈 해석 ▶ 26쪽

1 感情深, 一口闷; 感情浅, 舔一舔
- 우리의 우정을 위하여 자! 모두 건배! 정이 깊으면 원 샷!
- 술자리에서 사람들은 "정이 깊으면 원 샷, 정이 얕으면 입만 살짝"이란 말로 술을 권하는데, 모두가 상대방에게 애정이 깊음을 표현하기 위한 것이기 때문에, 일반적으로 모두들 잔을 비운다.

2 酒不可过量, 话不可过头
- 어떤 일을 하든지 척도를 잘 잡아야 한다. 이는 소위 "술은 양을 초과하면 안되고, 말은 지나치면 안된다"는 것이다.
- 중국인은 말할 때 지켜야 할 선에 대해서 굉장히 신경을 쓴다. 도를 넘어선 안 되고, 여지를 남겨야 한다.

3 酒逢知己千杯少, 话不投机半句多
- 술을 마실 때, 어떤 사람과 마시느냐가 중요해, 지기를 만나 술을 마시면 천 잔도 모자라지.
- 만약 상대방과 의견이 다르고 종종 말이 통하지 않으면 반 마디 말도 많고, 입만 열면 말다툼이 일어난다.

4 酒不醉人人自醉
- 그는 오늘 기분이 좋아, 마시고 마시고 게다가 춤추기 시작하니, 정말 술이 사람을 취하게 하는 것이 아니라, 사람이 스스로 취하는 것이다.
- 몇 년 동안 만나지 못하다 오늘 어렵게 한자리에 모인 우리는, 모두들 술에 취하는 게 아니라 스스로에게 취해 매우 즐겁다.

5 天下没有不散的筵席
- 4년간의 대학 생활이 끝나가고 있습니다. 모두들 곧 사방으로 흩어지겠네요. 세상에 끝나지 않는 잔치는 없습니다. 모두 건강하세요!
- 오늘 모임은 모두 술도 밥도 배불리 먹고, 아주 즐겁게 놀았어, 그러나 세상에 끝나지 않는 잔치는 없어, 오늘은 여기까지 하고 우리 다음 만남을 기대하자.

3과 시간은 다 어디로 갔나?

学一学 해석  39쪽

1 傍晚
- 맑은 날 저녁 무렵, 해가 지는 풍경은 정말 아름답다.
- 나는 저녁 무렵에 해변으로 산책 가는 걸 아주 좋아한다.

2 曾经
- 난 전에 중국 상하이에 가본 적이 있는데 그곳을 아주 좋아한다.
- 대학에 다닐 때 우리는 그림자처럼 붙어 다녔는데 못 만난 지 벌써 10여 년이 되었다.

3 眼下
- 지금 가장 중요한 일은 졸업 논문을 끝마치는 것이다.
- 지금의 상황을 보니, 만족스러운 일을 단번에 찾기는 비교적 어려울 것 같다.

4 眨眼间
- 방금 버스에 탔는데, 눈 깜박할 사이에 지갑이 없어졌다.
- 이 선생과 그의 부인은 눈 깜짝할 사이 결혼한 지 벌써 30년이 되었다. 그들이 백년해로하며 영원히 행복하길 바란다.

5 及时
- 배가 너무 아파서 나를 병원에 데리고 갈 사람을 찾는 중이었는데 네가 아주 때맞춰 왔다.
- 앞쪽에서 갑자기 사람이 뛰어나왔는데, 다행히 그가 즉시 차를 세웠다. 만약 그렇지 않았으면 치었을 것이다.

6 此刻
- 나는 10년을 알고 지낸 친구에게 속았다. 지금 내 심정은 한두 마디로 명확히 말할 수 있는 상태가 아니다.
- 그녀가 야근하고 집으로 돌아가는 길에 한 남자에게 미행당하자, 놀라서 비명을 지르기 시작했다. 바로 그때 경찰이 나타나 그녀를 구했다.

7 永恒
- 사람들은 언제나 영원한 사랑을 추구한다.
- 세상에서 무엇이 영원히 불변하겠는가?

8 推迟
- 일기예보에서 일요일에 비가 온다고 해서 일요일에 원래 하기로 했던 운동회가 부득이하게 연기됐다.
- 비자가 아직 처리되지 않아서 그녀는 해외여행 계획을 연기했다.

9 三更半夜
- 이 한밤중에 넌 왜 또 나가 뛰는 거야?
- 그는 접대를 위해 종종 한밤중까지 술을 마시고 나서야 집에 갔다.

10 长年累月
- 성공은 하루 아침의 일이 아니라 오랜 기간의 노력이 필요한 것이다.
- 할머니는 한평생 고생하시며 오랜 세월 힘든 일로 허리가 굽으셨다.

11 日积月累
- 중국어를 공부할 때 매일 단어를 외우면 날이 갈수록 어휘량이 크게 늘어날 것이다.
- 성공한 사람들은 모두 부단히 노력하며 많은 시간이 지난 후에야 성공을 얻어낸 것이다.

12 争分夺秒
- 다음 주면 곧 기말고사라 나는 시간을 아껴 열심히 복습해야 한다.
- 마라톤 시합 중에 운동선수들은 모두 시간을 다투어 앞쪽으로 달린다.

13 猴年马月
- 너 하는 게 이렇게 느려서, 어느 세월에 이걸 끝낼

부록 1

学一学, 谈一谈 예문 해석

수 있겠어?
- 졸업 논문을 아직 시작도 안 했으니, 내가 보기에 다 쓰려면 정말 오랜 시간이 걸리겠구나.

14 光阴似箭
- 세월 정말 빠르네, 눈 깜짝하니 졸업한 지 벌써 30년이 되었어.
- 젊을 때 공부를 많이 해야 해, 세월은 화살과 같이 빠르기 때문에 시간을 소중히 여겨야 해.

15 年复一年
- 우리 집 문 앞의 그 큰 나무는 이미 100여 년이 되었다. 해가 갈수록 가지와 잎이 무성하다.
- 할아버지는 십여 세부터 농사일을 시작하셔서, 날이 가고 해가 거듭될수록 손에는 굳은살이 가득 배겼다.

谈一谈 해석 ▶ 44쪽

1 一年之计在于春, 一日之计在于晨
- 젊은이는 인생의 목표를 일찍 세워야 한다. 일 년의 계획은 봄에 세우고 하루의 계획은 아침에 세우기 때문이다. 인생의 봄을 잘 잡아야 비로소 장래에 성공할 수 있다.
- 일 년의 계획은 봄에 세우고 하루의 계획은 아침에 세운다. 만약 이십 대에 노력하지 않으면, 나이 들어서 후회해도 이미 늦는다.

2 三天打鱼, 两天晒网
- 공부는 오랫동안 노력해야 한다. 작심삼일로 하면 안 된다.
- 토플 시험 전에, 그는 항상 하다 말다 하다 말다 해서 결국 시험에 통과하지 못했다.

3 一寸光阴一寸金, 寸金难买寸光阴
- 우리는 시간을 소중히 여겨야 한다. 시간은 금이지만 금으로 시간을 살 수 없기 때문이다.
- 누구나 '시간은 금이지만 금으로 시간을 살 수 없다'는 이치를 알지만, 실행하는 것은 쉽지 않다.

4 花有重开日, 人无再少年
- 청춘은 영원하지 않다. 꽃은 다시 피는 날이 있지만, 사람은 다시 젊어지지 않는다.
- 우리 80년대의 대학생들은 눈 깜짝할 사이에 퇴직할 것이다. 정말이지 꽃은 다시 피는 날이 있지만, 사람은 다시 젊어지지 않는구나.

5 路遥知马力, 日久见人心
- 처음에 사람들은 그가 계속 버틸 수 있다는 것을 믿지 않았으나, 몇십 년 동안 그는 줄곧 두 눈이 실명된 이웃을 도왔다. 이것으로 먼 길을 걸어야 말의 힘을 알 수 있고, 세월이 흘러야 사람의 마음을 알 수 있다는 사실이 증명되었다.
- 너는 지금 내가 하는 말을 믿지 않을 수도 있겠지만, 길이 멀어야 말의 힘을 알고, 세월이 흘러야 사람의 마음을 알 수 있으니, 내가 앞으로 어떻게 행동하는지 봐라.

4과 봄잠에 날이 밝는 줄 몰랐더니

学一学 해석 ▶ 57쪽

1 晴朗
- 날씨가 맑을 때는 산책하기 아주 좋다.
- 봄이 오니 아이들이 맑은 하늘 아래서 장난치며 논다.

2 明媚
- 우리 햇살 좋은 날을 하루 잡아서 등산 가자.
- 춘천의 봄은 정말 아름다워, 벚꽃이 만발하고 봄 햇살이 화창해.

3 灿烂
- 어제 큰비가 한바탕 내리고, 오늘은 비가 그치고 날이 개니 햇빛이 눈부시게 아름답다.
- 유치원에서 6월 1일 어린이날 공연을 하고 있고 아이들의 얼굴에는 환한 미소가 가득하다.

4 结冰
- 길림의 겨울 기온은 보통 영하 20~30도이다. 길이 항상 얼어 있어서 걷는 데 아주 조심해야 한다.
- 소양강은 춘천의 유명한 강이다. 겨울이 춥긴 하지만 대부분의 수면은 얼지 않는다.

5 炎热
- 무더운 여름, 더위를 식히기 위해, 그는 거의 매일 엄마가 끓여 얼음에 채운 녹두탕을 한 그릇씩 먹는다.

- 여름 날씨가 찌는 듯하여, 사람들은 대부분 에어컨이 있는 실내에 있고 싶어하고 되도록 나가려 하지 않는다.

6 海啸
- 2004년 인도양에서 발생한 해일로 20여만 명이 사망하였다.
- 보통 해일은 해저 지진에 의해 발생하는데, 수중 또는 연안 산사태, 화산 폭발도 해일을 일으킬 수 있다.

7 地震
- 2008년 5월 12일 발생한 원촨(汶川)지진은 신중국 창립 이래 파괴력이 가장 큰 지진이다.
- 지진이 일어났을 때, 사람은 넓은 공터에 있는 것이 상대적으로 안전하다.

8 干旱
- 아프리카 대부분 지역은 강수량이 적어 가뭄이 비교적 심각한 편이다.
- 가뭄은 인류가 직면한 주요 자연재해 중 하나다.

9 牛毛细雨
- 남부 지방의 장마철에는 항상 보슬비가 연일 내려, 실내외가 눅눅하다.
- 하늘에서 이슬비가 내리기 시작했지만 선수들은 아직도 축구를 하고 있다.

10 春暖花开
- 나는 꽃 피는 따뜻한 봄날을 가장 좋아한다. 왜냐하면 날씨가 춥지도 덥지도 않고 경치도 아름답기 때문이다.
- 따뜻하고 꽃 피는 내년 봄에 우리 같이 바다 보러 가자.

11 骄阳似火
- 올 여름은 예년에 비해 덥다. 특히 한낮에는 뙤약볕이 불타는 듯하다.
- 중국에서 일 년에 한 번 있는 대학 입시가 원래는 뙤약볕이 내리쬐는 7월이었는데, 날씨가 너무 더워져서 지금은 6월로 바뀌었다.

12 秋高气爽
- 가을 하늘은 구름 한 점 없고 공기가 상쾌해서 등산하기 가장 좋은 계절이다.
- 타는 듯한 여름날을 보내고 우리는 높은 하늘과 상쾌한 공기의 가을을 맞이했다.

13 寒冬腊月
- 한겨울 섣달은 일년 중 가장 추운 계절이다.
- 엄동설한을 편안하게 보내기 위해, 겨울잠을 자는 동물들이 있다.

14 风和日丽
- 바람 부드럽고 햇살 좋은 오후에 창가에 앉아, 커피를 마시며 책을 읽으니 이 얼마나 좋은 휴식 방법인가!
- 산악 지역의 날씨는 정말 빨리 변한다. 조금 전까지 바람 좋고 날이 화창했는데 갑자기 비가 내리기 시작했다.

15 未雨绸缪
- 나는 일을 할 때 미리 각종 준비를 잘 한다. 일이 생기기 전에 대비하는 것, 즉, 유비무환이다.
- 기업가는 반드시 미리 준비하는 통찰력이 있어야만, 기업을 부단히 발전시킬 수 있다.

 ▶ 62쪽

1 树欲静而风不止，子欲养而亲不待
→ 그는 이전에는 행실이 바르지 못한 사람들과 어울리면서 본업에 충실하지 않았는데, 지금은 잘못을 고치고 바른길로 돌아가고 싶어한다. 하지만 나무는 조용히 있고자 하나 바람이 가만두질 않듯이, 그들은 항상 그를 찾으러 온다.
→ 자식들은 반드시 자주 집에 가서 부모님을 뵈어야 한다. 자식은 부모를 봉양하고자 하나 부모님이 기다려 주지 않는 때가 되면 후회해도 소용없다.

2 万事俱备，只欠东风
→ 중국 유학 수속이 다 잘 됐는데 비행기표 예약이 안 됐다. 지금 모든 준비가 다 되었는데 동풍이 부족하구나.
→ 우리 모두 개학 준비가 다 되었다. 지금은 만사 준비가 다 되었는데 한 가지가 부족하다. 학교에서 시간을 정해야만 개학할 수 있다.

부록 1

学一学, 谈一谈 예문 해석

③ 冰冻三尺，非一日之寒
- 이번에 그 둘은 정말 이혼했어! 듣자하니 그들은 항상 싸워서, 몇 년 전에 이혼하려고 했는데, 정말 석 자 두께의 얼음은 하루 추위에 어는 게 아니네.
- 그 식당은 위생 문제로 여러 차례 시정을 요구받았는데, 석 자 두께의 얼음은 하루 추위에 얼지 않듯이, 결국 문제가 심각해서, 영업 정지를 당했다.

④ 无风不起浪
- 바람이 불지 않으면 파도가 일지 않는다. 그가 정말 잘못한 게 없다면 어떻게 이렇게 소문이 많을까?
- 비록 바람이 불지 않으면 파도가 일지 않는다고 말했지만, 단지 소문만 믿고 그가 문제 있다고 하니, 너무 독단적이다.

⑤ 天有不测风云，人有旦夕祸福
- 그는 줄곧 건강했지만, 이번 신체 검사에서 폐에 종양이 발견되었어. 정말 하늘에는 예상치 못한 풍운이 있고, 사람에게는 아침 저녁으로 화복이 있어.
- 속담에 하늘에는 예측할 수 없는 풍운이 있고, 사람은 아침저녁으로 화복이 있다고 한다. 우리는 무슨 일을 하든지 간에 반드시 사전에 철저히 준비해야 한다.

5과 계림의 산수는 천하제일이다

   75쪽

① 象征
- 비둘기와 올리브 가지는 평화와 우정을 상징한다.
- 장미는 사랑의 상징이다. 그래서 흔히 발렌타인 데이에 남자 친구가 여자 친구에게 장미를 보낸다.

② 宏伟
- 베이징 자금성은 하나의 웅장한 건물군으로 현존하는 세계 최대의 궁전형 건축물이다.
- 황하 후커우폭포는 기세가 웅장하여 사람으로 하여금 감탄을 자아내게 한다.

③ 悠久
- 산시성 핑야오고성은 역사가 유구하고 문화가 찬란하다.
- 춘절은 중국 최대의 전통 명절이며, 유구한 문화 역사를 가지고 있다.

④ 被誉为
- 진시황 병마용은 '세계 8대 불가사의'로 불리는 웅장한 공사였다.
- 쑤저우는 고전 정원으로 유명하며 '정원의 도시'라고 불린다.

⑤ 壮观
- 작년에 베이징에 가서 만리장성을 참관했는데, 멀리서 바라보니 정말 웅대하고 장관이었!
- 2019년 10월 1일 베이징에서 열린 중화 인민 공화국 수립 70주년 기념 열병식은 장관을 이뤄 사람들에게 깊은 인상을 남겼다.

⑥ 陶醉
- 비가 내린다. 창밖에 보슬보슬 내리는 빗소리가 마치 음악과 같아 사람을 도취시킨다.
- 이것은 성대한 음악회였고, 현장의 관중들은 모두 아름답고 미묘한 노래 속으로 빠져들었다.

⑦ 坚固
- 이것은 유서 깊은 석두성보로 수백 년의 비바람을 수없이 겪고도 여전히 매우 견고해 보인다.
- 아버지의 사랑은 큰 산처럼 견고하고, 어머니의 사랑은 흐르는 물처럼 영원하다.

⑧ 寂静
- 맑고 상쾌한 가을날에는 자연 휴양림을 찾아가서 휴가를 보내야 한다. 그 고요한 산림은 틀림없이 너를 매료시킬 것이다.
- 7월의 밤, 정원은 매미 울음 소리가 들려서, 오히려 더욱 고요해 보인다.

⑨ 清澈
- 그 산 위에서 흘러 내려오는 계곡물은 바닥이 훤히 보이도록 맑고, 아주 깨끗하다.
- 그 아이는 초롱초롱한 큰 눈을 가졌고, 그 맑은 눈빛은 아주 순수해 보인다.

⑩ 茂密
- 장백산 국가 산림 공원은 하나의 울창한 원시림이다. 1980년 유엔의 국제 생물권 보호 구역으로 지정되었다.
- 가을은 수확의 계절, 들녘에 무성한 농작물을 바라보는 농민들의 얼굴에는 환한 미소가 보였다.

⑪ 山清水秀
- 중국 꾸이린(桂林)은 산수 경관이 수려하다. '계림산수천하제일'이라는 명예로운 칭호가 있다.
- 쿤밍의 사계절은 봄과 같다. 경치가 수려하고 공기가 신선하며 나뭇잎이 무성한 여행의 성지이다.

⑫ 人山人海
- 황금 연휴에는 여행하는 사람들이 많다. 특히 유명한 관광지에는 가는 곳마다 사람들이 넘쳐난다.
- 광장무를 추는 것은 이미 중국 사람들의 일반적인 여가 활동 중 하나가 되어 매일 저녁 무렵이면 광장마다 사람들이 모여들어 아주 시끌벅적하다.

⑬ 气势磅礴
- 구이저우의 황과수 폭포는 세계의 유명한 폭포 중 하나다. 폭포가 수직으로 떨어질 때의 웅장한 기세가 아주 장관이다.
- '세계 제일의 대협곡'으로 불리는 야루장부강 대협곡은 중국 티베트에 있다. 물결이 거세고, 기세가 웅장하며 지구상에서 가장 깊고 가장 긴 협곡이다.

⑭ 世外桃源
- 나는 어릴 때 시골 할머니 집에 가는 것을 가장 좋아했다. 할머니 집 바로 뒤에는 작은 산이 있는데, 그곳은 숲이 조용하고 냇물이 맑아 그야말로 무릉도원 같았다.
- 모든 사람들은 자신의 별천지를 찾아 소란스러움과 번뇌로부터 멀리 떨어져 그곳에서 자유롭게 생활하고 싶어한다.

⑮ 历尽沧桑
- 그 노병은 전쟁 시대에 산전수전을 다 겪었다. 사람들은 모두 그를 매우 존경한다.
- 세상 모든 변화를 다 겪은 홍콩과 마카오가 1997년과 1999년에 중국의 품으로 돌아왔다.

 해석 ▶ 80쪽

❶ 上有天堂, 下有苏杭
- 어쩐지 사람들이 "하늘엔 천당이 있고 땅에는 소주와 항주가 있다"고 말하더라니, 와서 보니 그림 속의 아름다운 풍경들이 도처에 널려 있다.
- 중국의 강절 지역(장쑤성과 저장성) 일대는 산이 푸르고 물이 수려한 지역으로, '하늘에는 천당이 있고, 땅에는 소주와 항주가 있다'고 합니다. 만약 당신이 가지 않으면 후회할 것입니다.

❷ 桂林山水甲天下, 阳朔山水甲桂林
- 계림에 가면 꼭 양삭(阳朔)을 가보세요. 왜냐하면 "계림의 산수는 천하제일이고, 양삭의 산수는 계림에서 제일이다"라고 하잖아요, 제일 아름다운 곳을 어찌 가보지 않을 수 있겠어요?
- 모두가 계림의 산수가 천하제일이라고 하는데, 이번에 나도 계림의 산수를 유람해보니, 과연 명불허전이네요.

❸ 五岳归来不看山, 黄山归来不看岳
- 중국에는 웅장하고 장관인 산이 많은데, 속담에 이르기를 "오악을 보고 나면 다른 산이 눈에 안 차고, 황산을 보고 나면 오악도 눈에 안 찬다"고 하더니, 이 산들은 정말 하나하나가 아름답구나!
- 나는 오악이 중국 5대 명산인 것을 안다. 하지만 "황산을 보고 나면 오악도 눈에 안 찬다"는 말도 들었는데, 황산은 도대체 얼마나 아름다운지 정말 직접 가보고 싶구나!

❹ 蜀道难, 难于上青天
- 사천의 지세는 험준하다. 산길이 험해서 예로부터 "촉으로 가는 길은 힘들어라, 하늘에 오르는 것보다 더 힘들다"라는 말이 있다.
- 요즘 젊은 여성들은, 믿을 만한 남자를 찾아 결혼하는 것은 정말 하늘의 별 따기라고들 한다.

❺ 不到长城非好汉
- 중국 여행 가는 데 첫 번째로 체크해야 할 곳은 무조건 베이징의 팔달령 만리장성이야. 속담에 "만리장성에 오르지 못하면 대장부가 아니다"

부록 1

学一学, 谈一谈 예문해석

라는 말이 있어, 게다가 세계 7대 불가사의 중 하나잖아.
➡ 무슨 일을 하든지 간에, 우리 모두 "만리장성에 오르지 못하면 대장부가 아니다"라는 결심을 가져야만, 반드시 성공할 것이다.

6과 공정하고 청렴한 관리라도 집안일을 잘 처리하기 어렵다

 ▶ 93쪽

1 抽屉
- 아이들은 부모에게 들키지 않으려고 항상 일기장을 서랍에 넣고 잠근다.
- 엄마 생일인 그날, 엄마를 놀래 주려고 엄마 방 서랍 안에 몰래 선물을 넣어 놓았다.

2 台灯
- 스탠드의 빛은 부드러워야 한다. 그렇지 않으면 시력에 영향을 줄 수 있다.
- 나는 룸메이트의 스탠드를 켜고 싶은데 스위치를 찾지 못했다. 알고 보니 그것은 음성인식 스위치였다.

3 窗帘
- 나는 1층에 살아서 집에 오면 처음 하는 일이 커튼을 치는 것이다.
- 그녀의 집 거실에는 수묵화 그림이 있는 한 폭의 커튼이 걸려 있다. 아주 예쁘다.

4 地毯
- 하늘은 높고 공기는 상쾌한 가을, 드넓은 지역의 농작물이 다 익어, 대지에 금빛 양탄자를 깔아 놓은 듯하다.
- 그 용의자를 가능한 한 빨리 잡기 위해 경찰은 물샐 틈 없는 수색을 벌였다.

5 水龙头
- 수도꼭지를 꽉 조이지 않으면 많은 물을 낭비하게 될 것이다.
- 우리 집 수도꼭지가 고장 났는데 스스로는 어떻게 해도 잘 고쳐지지 않았다. 결국 수도 전문 수리공을 불러왔는데, 그 분은 몇 분만에 고쳤다.

6 隔壁
- 나는 옆집 이웃과 서로 아주 잘 지낸다. 항상 서로 도와 한 가족 같다.
- 나는 바로 옆집에 사니까 일이 있으면 언제든지 나를 불러.

7 家务
- 진정으로 똑똑한 남자들은 언제나 집안일에 수수방관하지 않고, 주동적으로 여자들과 같이 집안일을 분담한다.
- 집안일은 별일은 아니지만 항상 해도 해도 끝이 없다.

8 温馨
- 결혼식 전에 우리는 그들의 신혼 방을 구경하러 가 보았는데, 아늑하고 낭만적으로 꾸며져 있었다. 정말 부럽다.
- 그 어린 소녀는 수술을 마치고 막 깨어나서 주치의의 손을 살며시 잡아당겼다. 정경이 훈훈하여 사람들을 감동시켰다.

9 和睦
- 일반적으로 고부 관계의 좋고 나쁨이 가정 화목의 관건이다.
- 그의 성격이 매우 조급해서 동료들이 그와 사이 좋게 지내기가 어렵다.

10 艰苦
- 가뭄 지역의 여름은 불같은 뙤약볕이라 사람 사는 환경이 아주 힘들고 어렵다.
- 건설 노동자는 대부분의 시간을 밖에서 일한다. 작업 조건이 매우 힘들고 어렵다.

11 披星戴月
- 환경미화원은 항상 사람들이 잠자는 밤 시간에 도로를 말끔하게 청소한다. 밤새도록 일하며 매우 고생한다.
- 요즘 아버지께서 바쁘시다. 매일 회사에서 밤늦도록 초과 근무를 하셔서 걱정이다.

12 一贫如洗
- 한차례 큰 지진이 지나간 후에 그 지역의 이재민들은 순식간에 가난해졌다.
- 원래 그는 풍족하게 살아 왔는데 최근 몇 년간 도박에 빠져 돈을 모두 잃어 지금은 아주 가난하다.

13 无忧无虑
- 나는 나의 어린 시절을 아주 그리워한다. 그때는 아무런 근심 걱정이 없어 정말 좋았다!
- 엄마는 우리가 아무 걱정없이 살게 하려고 매일 밤 늦게까지 일 하신다.

14 苦中作乐
- 이 일은 아주 힘들지만 우리가 고생 속에서 즐거움을 찾을 수 있다면 최후에는 반드시 성공을 거둘 수 있을 것이다.
- 살아가며 이런저런 곤란을 피하기 어렵다. 우리는 고생 속에서 즐거움을 찾는 법을 배워 낙관적으로 삶에 임해야 한다.

15 安居乐业
- 그 나라는 잘 다스려져서 백성들이 즐겁게 일하며 아주 행복하게 산다.
- 개혁 개방 이후 중국의 경제 발전은 매우 빠르다. 사람들이 즐겁게 일하며 편안한 생활을 하고 있다.

谈一谈 해석 ▶ 98쪽

1 清官难断家务事
- 내 옆집에서 또 말다툼을 했어. 하지만 청렴한 관리도 집안일은 잘 처리하기 어려워, 나도 어쩔 수가 없어.
- 친구는 늘 나에게 그의 아내와 엄마 사이가 나쁘다고 원망해, 청렴한 관리도 집안일은 잘 처리하기 어려운데, 내가 뭐라고 말하겠어?

2 不当家不知柴米贵；不生子不知父母恩
- 나는 이전에 줄곧 근심 걱정 없이 살다가, 작년에 결혼하고 나서야 비로소 '집안일을 하지 않으면 쌀이 비싼 줄 모른다'는 것을 알게 되어, 이전보다 많이 절약하게 되었다.
- 그녀는 아이를 낳은 후 특별히 부모에게 효도하게 되었는데, 정말 자식을 낳지 않으면 부모의 은혜를 모른다!

3 不听老人言, 吃亏在眼前
- 할머니는 늘 나에게 쉽게 다른 사람을 믿지 말라고 하셨는데, 나는 줄곧 마음에 두지 않고 있다가 이번에 속고 나서야 후회를 했어. 나는 정말 노인의 말을 듣지 않아서, 눈앞에서 손해를 보게 된 거야.
- 엄마는 늘 그에게 "평소 공부를 열심히 해야지, 시험 보기 전에 공부를 하지 말라"고 말했지. 하지만 그는 듣지 않았고, 결국 이번 시험을 잘 보지 못했어, 정말 어른의 말을 듣지 않아서 눈앞에서 손해를 보게 된 거야.

4 世上无难事, 只怕有心人
- 살다 보면 늘 온갖 어려움을 겪곤 하지만, 세상에는 마음만 먹으면 못할 일이 없고, 열심히 하기만 하면 못할 것이 없다.
- 이번에 공무원 지원자들이 많다던데, 경쟁률이 100:1이라고 하니, 정말 걱정돼. 하지만 나는 세상에 마음만 먹으면 못할 일이 없다고 믿어. 나는 열심히 준비해서 꼭 합격할 거야.

5 远亲不如近邻
- 그들의 집에 갑자기 불이 났는데, 다행히 주위의 이웃들이 모두 와서 불을 끄는 것을 도와 주어 그들의 집은 무사했다. 정말 멀리 있는 친척보다 가까이 있는 이웃이 낫다.
- 이웃 간에는 시도 때도 없이 자주 만나기에, 마땅히 잘 지내야 한다. 멀리 있는 친척보다 가까이 있는 이웃이 낫다.

7과 군자가 한번 내뱉은 말은 사두마차로도 따라잡기 힘들다

学一学 해석 ▶ 111쪽

1 乐观
- 살다 보면 이런저런 어려움과 마주치겠지만 우리는 낙관적인 태도를 지켜나가야 한다.
- 수술은 성공적이었지만 수술 후 감염이 되어 낙관할 수 없는 상황이다.

2 开朗
- 그녀는 성격이 밝아 항상 주변 사람들에게 웃음을 준다.
- 나는 오늘 원래 기분이 안 좋았는데, 친한 친구가 와서 함께 수다를 떨며 그녀의 이야기를 듣고 난 후 마음이 확 풀렸다.

부록 1

学一学, 谈一谈 예문 해석

③ 随和
- 그 교수님은 학식이 깊고 성품도 부드러워 학생들이 매우 좋아한다.
- 어제 과장님과 통화할 때 말다툼이 있어 오늘 그녀에게 사과하기 위해 전화를 드렸다. 그녀의 말투가 상냥한 것을 듣고, 이미 그녀의 화가 풀렸다는 것을 알았다.

④ 真诚
- 사람과 사람은 서로 진실하게 대해야 한다. 진심을 다해 진심을 얻어야 좋은 관계를 유지할 수 있다.
- 우리 회사는 귀사와 성실하게 협력하여 아름다운 미래를 함께 만들고자 합니다.

⑤ 老实
- 그는 솔직한 사람이라 거짓말로 사람을 속이지 않으니, 너는 그를 믿어도 된다.
- 너 감기가 이렇게 심하니 오늘은 얌전히 집에 머물면서 푹 쉬어라.

⑥ 佛系
- 일반적으로 부모들은 아이들에 대한 요구가 매우 엄격한데, 아이들에게 화내지 않고, 혼내지 않고, 과도한 기대도 하지 않는 부처님 같은 부모도 있다.
- 요즘 인터넷상에 "佛系팬, 佛系친구, 佛系직원" 등 "佛系"라는 말이 유행하고 있는데, 자신에 대한 욕구가 높지 않고 타인에게 관대하고 우호적인 사람들을 가리키는 말이다.

⑦ 暴躁
- 그는 성격이 급해서 사소한 일로 다른 사람들에게 큰소리를 치곤 한다.
- 그 사람은 고집을 부리기 시작하면 누구의 말도 듣지 않고 하고 싶은 대로 한다.

⑧ 矫情
- 청바지를 사려고 우리 오후 내내 돌아 다녔어. 내가 보기에 넌 고집 그만 부리고 대충 하나 사면 좋겠어.
- 그 여과장은 고집쟁이라 매사에 여러 번 반복해야 해서 그 밑에서 일하는 게 정말 쉽지 않다.

⑨ 纠结
- 우리는 늘 생활 속 자질구레한 일들에 시달리지만, 특히 여자들의 고민병은 더욱 심하다. 어떤 가방을 메야 할까 고민하고, 어떤 옷이 어떤 신발과 어울리는지 고민하고, 항상 옷장 앞에 서서 30분을 고민한다.
- 많은 상황에서 고민하는 이유는, 아마 대부분 자기 자신에 대한 자신감이 부족하고, 선택이 잘못되었을까 두렵고, 후회약을 먹는 것이 두렵기 때문일 것이다.

⑩ 计较
- 주 선생님은 항상 자발적으로 학원의 일을 맡아 많은 시간과 노력을 들였고 보너스도 못 받았지만, 그녀는 여태껏 개인의 득실을 따지지 않았다.
- 친구들과 공을 차는 것은 신체를 단련하는 것이니 승패를 따질 필요가 없다.

⑪ 情绪化
- 나는 스스로 감정적인 사람이란 걸 알고 있다. 항상 주위 사람과 일에 영향을 받으니 앞으로는 스스로의 감정을 조절하는 데 주의해야겠다.
- 감정적인 태도는 우리의 판단력에 영향을 미치기 때문에 어떤 일이 생겨도 반드시 냉정을 유지해야 한다.

⑫ 一丝不苟
- 시험을 볼 때 한 치의 빈틈도 없이 세심하게 점검해야 한다. 그래야만 좋은 성적을 거둘 수 있다.
- 그는 책임감 있고 빈틈없이 일을 해서 빨리 승진했다.

⑬ 深思熟虑
- 그는 항상 조심스럽고 신중하게 일을 해왔고, 심사숙고하지 않고는 쉽게 결정하지 않았기 때문에 실수가 거의 없었다.
- 지금 모든 업종이 불경기인데 너 사직하고 창업하려고? 그래도 심사숙고한 후 행동하자!

⑭ 自暴自弃
- 요즘 우리는 시합에서 항상 졌지만 자포자기하지 않고 빈틈없이 훈련한다면 반드시 승리할 수 있다.
- 왜 요즘 점점 더 많은 젊은이들이 자포자기하는 것을 대범하고 개성 있는 표현이라 생각하고, 심지어 자랑스럽다고 여기지? 인터넷 문화의 영향을 받아서인가 아니면 시대적 성격의 특징인가?

⑮ 自以为是
- 우리는 겸손해야 하며 다른 사람에게 많이 배워야 한다. 자기만 옳다고 생각하면 안 된다.
- 그는 그 회사에 막 입사해서 일하느라 경험이 부족한데, 항상 잘난 체하며 사장과 동료들의 의견을 듣지 않다가 결국 해고당했다.

 说一说 해석 ▶ 116쪽

① 君子一言，驷马难追
- 너는 이미 우리의 요구에 동의했어. 한 번 뱉은 말은 주워 담을 수 없으니 너는 결코 번복해서는 안돼!
- 우리는 자신의 말에 책임을 져야 해, 한 번 뱉은 말은 주워 담을 수 없잖아.

② 宰相肚里能撑船
- 선생님, 제가 잘못한 것을 압니다. 넓은 아량으로 이번 한 번만 용서해 주십시오.
- 당신은 사장님이십니다. 그 직원은 단지 작은 실수를 저질렀을 뿐이니 사장님의 넓은 아량으로 그에게 문제 삼지 말아주세요.

③ 不分青红皂白
- 오늘 내가 동생과 함께 놀 때 동생이 울었는데, 아빠는 다짜고짜(일의 시비를 가리지 않고) 나를 때렸다.
- 분쟁을 조정할 때에는 반드시 쌍방의 의견을 진지하게 들어야 하며, 시비를 가리지 않고 마음대로 결론을 내려서는 안된다.

④ 不见棺材不落泪
- CCTV에 그가 차를 훔치는 장면이 녹화되었는데, 경찰이 그에게 물었을 때 그는 훔치지 않았다고 하니, 정말 들통나기 전에는 뉘우칠 줄 모른다.
- 그가 죄를 인정하게 하고 싶다면 반드시 충분한 증거를 확보해야 한다. 그렇지 않으면, 그는 들통나기 전에는 뉘우칠 줄 모르기 때문에 인정하지 않을 것이다.

⑤ 得理不饶人
- 나는 이미 그녀에게 정중히 사과를 하였는데, 그녀는 이치를 따지며 양보하지 않으면서, 나에게 변상하지 않으면 안 된다고 한다.
- 사람이 처세할 때는 관대해야 하며, 설령 자신이 옳다고 하더라도 이치를 따져가며 지나치게 밀어붙이면 안 되고 여지를 남겨 두어야 한다.

8과 하룻밤 부부라도 만리장성을 쌓는다

 学一学 해석 ▶ 129쪽

① 痴情
- 그녀는 그에게 일편단심인데 그는 오히려 진심을 다하지 않았다.
- 어려서부터 노래 부르기를 좋아하던 그녀는 어른이 된 후에도 줄곧 푹 빠져있다가 지금은 유명한 가수가 되었다.

② 吃醋
- 길을 걷다가 남편이 다른 예쁜 여자에게 자꾸 눈길을 주면 부인은 질투할 것이다.
- 남자 친구는 내가 한 남학생과 이야기하는 것을 보고 질투를 해서 불쾌한 얼굴이다. 나는 그에게 "그 남학생은 단지 나에게 도서관 어떻게 가냐고 물어봤을 뿐이야"라고 말했다.

③ 敷衍
- 이 일은 아주 중요한 일이니 모두들 성실하게 임해야지, 빨리 끝내려고 대충하면 안 된다.
- 결혼 후 남편은 마치 딴사람이 된 것처럼 어떤 집안일도 돌보지 않는다. 게다가 항상 바쁘다는 핑계로 나에게 건성으로 대하니, 이런 생활은 정말 더 이상 계속할 수 없다.

④ 做媒
- 오늘 나의 가장 친한 친구가 결혼했다. 그녀와 그녀의 남편은 내가 중매해주었다. 그들이 영원히 행복하기를 바란다.
- 중매로 말하자면 좋은 일이긴 하지만 책임도 적지 않다. 만일 서로 헤어지면 중매인도 중간에서 좀 난처하다.

⑤ 干涉
- 부모는 자녀의 결혼 생활에 지나치게 간섭하면 안

부록 1

学一学, 谈一谈 예문 해석

된다. 그렇지 않으면 많은 집안 갈등을 야기할 수 있다.
- 이것은 우리 둘의 문제이니 네가 간섭할 이유가 없어.

6 包容
- 형제자매지간에는 언제나 다툼이 생길 수 있다. 이때 형과 언니는 동생들을 많이 포용해야 한다.
- 친구와 동료를 대하는 데 포용심이 있다면 모두에게 존경을 받을 것이다.

7 勤快
- 그녀는 부지런한 사람이라 매일 집안을 깨끗이 청소한다.
- 일을 좀 더 부지런히 하면 성공할 기회도 그만큼 많을 거라 생각해요.

8 倾听
- 학부모들은 아이들에게 뭘 하라고 요구할 수만은 없고 아이들의 생각을 주의 깊게 듣는 것도 필요하다고 생각해요.
- 오늘 수업 시간에 선생님이 다음 주 시험에 관련된 내용을 강의하자 학생들은 하나라도 놓칠까 봐 모두 귀 기울여 들었다.

9 迷恋
- 어떤 학생들은 모바일 게임에 너무 빠져있어서 심지어는 수업 시간에도 한다. 이런 습관은 정말 고쳐야 한다.
- 이왕 그와 헤어졌으니 더 이상 미련 갖지 말고 빨리 새로운 생활을 시작해라.

10 一见钟情
- 만약 그녀에게 첫눈에 반했다면 기회를 놓치지 말고 용감하게 고백해야 한다.
- 첫눈에 반하는 사랑도 아름답지만 나는 함께 지내며 생기는 정이 더 좋다. 두 사람이 천천히 알아간 후의 감정이 더 변함없을 것이기 때문이다.

11 欲擒故纵
- 경찰 측은 아직 그 사람이 범죄를 저질렀다는 증거를 찾아내지 못했다. 그래서 증거를 잡기 위해 그를 먼저 풀어주고 24시간 미행하다가 마침내 증거를 알아내고 체포했다.
- 그는 너를 속이기 위해 먼저 양보했다. 이것은 밀당을 하려고 하는 것이고 그의 진짜 목적은 너에게서 더 많은 이득을 얻어내는 것이다.

12 相敬如宾
- 그들 부부는 사이가 아주 좋아서 수십년 동안 서로 손님처럼 공경해왔고, 지금까지 다툰 적이 없다.
- 너희는 결혼 후 서로 충분히 양보하고 손님처럼 공경하길 바란다. 그래야 생활이 행복할 수 있을 거야.

13 相濡以沫
- 그 노부부는 60여 년을 같이 살면서 많은 시련을 겪었지만 줄곧 서로 도와가며 오늘에 이르렀다.
- 내가 기대하는 상유이말(서로 돕고 의지)하는 사랑은 바로 한평생 서로 이해하고 보호하고, 서로 감싸주며 백년해로하는 것이다.

14 青梅竹马
- 모두들 덕선과 최택의 그런 죽마고우 사랑 사랑을 부러워한다. 이것이야말로 사랑이 갖춰야 할 모습이다.
- 그들은 원래 어릴 때부터 허물없이 지내던 커플이었는데 뜻밖에도 갑자기 헤어졌다. 정말 안타깝다.

15 喜结连理
- 8년간의 연애 끝에 그 둘은 오늘 부부가 되어 성대한 결혼식을 올렸다.
- 그와 그녀는 어려서부터 죽마고우였는데 작년에 부부가 되어 올해 또 귀여운 딸이 하나 생겼다. 정말 기쁜 일이 연이어 생긴다.

谈一谈 해석 ▶ 134쪽

1 家家有本难念的经
→ 가정마다 각자 어려운 점이 있는데, 소위 '집집마다 읽기 어려운 경전이 있다'는 말이야. 사는 게 원래 쉽지 않잖아.
→ 그들 집은 겉으로는 온화하고 화기애애해 보이지만, 사실은 집집마다 모두 어려운 일이 있다. 그들의 아들이 대학을 졸업한 지 여러 해 되었지만 아직 일자리도 찾지 못했다.

2 一日夫妻百日恩
→ 그의 아내가 중병에 걸려 1년 넘게 입원해 있는데, 비록 그는 일이 매우 바쁘지만, 줄곧

세심하게 아내를 돌보니, 정말 부부의 연은 가벼운 것이 아니구나.
- 부부 싸움은 일상적인 것이니, 말다툼했다고 곧 이혼하려고 하지 마라, 하룻밤을 자도 만리장성을 쌓는데, 부부의 감정은 그렇게 쉽게 끊어지는 것이 아니다.

3 小别胜新婚
- 그의 남편은 회사에 의해 반년 동안 미국에 파견되어 근무했는데, '잠시 떨어져 있다 만나면, 신혼보다 더 친밀하다.' 라는 속담이 있듯이, 역시 그가 돌아온 이후, 부부의 감정은 이전보다 더 좋아졌다.
- 비록 잠시 떨어져 있다 만나면, 신혼보다 더 친밀하다고 말하지만, 그들 부부는 다른 곳에서 1년 동안 별거 후, 끝내 이혼했다.

4 生死契阔，与子成说。执子之手，与子偕老
- 나의 이상적인 사랑은 '그대의 손만 잡고 그대와 해로 하리'이다. 두 사람이 평생 서로 사랑하고 지켜주는 것이 가장 낭만적인 인생이다.
- 나와 아내는 결혼할 때 이미 "생사를 함께 하자고, 그대와 약속했네"라고 말하며, 영원히 헤어지지 않고 백년해로할 것을 서로 다짐했다.

5 男怕入错行，女怕嫁错郎
- 한 선생, 아들이 대학에 합격했다고 들었는데 어떤 전공을 선택했나요? 전공은 장차 직업 선택과 관계가 있기 때문에 잘 선택해야 해요. 남자는 직업을 잘못 선택하는 걸 두려워해야 한다는 말이 있잖아요.
- 자녀의 혼사는 당연히 부모의 마음에 큰일이고, 특히 딸을 둔 가정은 미래 사위의 선택에 대하여 더욱 신중합니다. 속담에 '남자가 직업을 잘못 선택하지 않으려고 조심하는 것처럼, 여자도 시집 잘못 가지 않으려면 조심해야 한다'고 하잖아요. 만일 딸이 상대를 잘못 찾으면 일생의 운명이 바뀔 수도 있어요.

9과 자식이 먼 길을 떠나면 어머니는 걱정한다

   147쪽

1 代沟
- 지금은 사회가 정말 빨리 발전해서 내가 이미 새로운 지식을 열심히 배웠는데도 여전히 젊은 사람들과 세대 차이가 있다. 정말 시대를 따라잡을 수가 없다.
- 부모와 아이 사이에는 언제나 세대 차이가 있어서 자주 소통하여 서로에 대한 이해를 넓혀가야 한다. 그래야 불필요한 충돌을 줄일 수 있다.

2 放纵
- 부모는 아이에 대한 단속이 적당해야 하며 지나치게 사랑하거나 방임해도 안 된다. 그렇지 않으면 자녀의 버릇이 이미 나빠진 다음에 관리하고 싶어도 관리할 수 없게 된다.
- 나는 요즘 다이어트를 하고 있는데 맛있는 걸 보면 자신을 내려놓고 마음껏 먹고 싶어 참을 수가 없다.

3 叛逆
- 사춘기도 청소년의 반항기라 이 시기에 부모님과 선생님 모두 골치 아퍼, 말을 하기도 그렇고 안 하기도 그렇고 정말 쉽지 않아.
- 그는 어려서부터 고아원에서 엄마 아빠의 사랑 못 받고 자라 반항적인 성격이 되었다.

4 任性
- 이 일은 원래 너의 잘못이니, 멋대로 하지 말고 그녀에게 사과해, 이 일은 지나갈 거야.
- 그녀는 외동딸이다. 어려서부터 응석받이로 자라서 너무 제멋대로다. 누구의 말도 듣지 않는다.

5 攀比
- 그 여자는 상향 비교하는 걸 좋아해 다른 사람이 명품 옷 입은 것을 보면 돈이 없음에도 불구하고 빌려서라도 사려 한다.
- 상향 비교의 심리는 결코 바람직하지 않다. 그것은 자신의 허영심을 만족시키기 위한 표현일 뿐이다.

부록 1

学一学, 谈一谈 예문 해석

6 孝顺
- 그 집의 부모는 자녀 교육을 잘해서 자녀 모두가 효성스럽다.
- 부모에게 효도하는 것은 지극히 당연한 일이니 모든 자녀는 마땅히 해야 한다.

7 享福
- 그 노부부는 반평생을 힘들게 고생했다. 지금은 아이들이 모두 결혼하여 마침내 행복하게 살 수 있게 되었다.
- 피곤할 때 어떤 사람은 찜질방 고온실에 가서 땀을 흠뻑 빼는 걸 좋아하는데, 나는 더위에 약해서 절대 그런 복을 누릴 수 없다.

8 赡养
- 우리가 어릴 때 부모님은 우리를 정성 들여 길러 주셨다. 부모님이 늙었을 때 우리는 성심성의를 다해 그들을 부양해야 한다.
- 결혼 후에 우리는 상대방 부모도 부양해야 할 의무가 생겼다.

9 溺爱
- 아이를 지나치게 사랑하는 것은 아이를 죽이는 것과 같다고 흔히 말한다. 이것은 지나친 사랑은 좋은 점이 하나도 없다는 말이니 제발 아이를 지나치게 사랑하지 말아라.
- 최근에 한 아들이 모친을 살해한 사건이 발생했다. 듣자하니 그 모친의 지나친 사랑이 사건 발생의 원인 중 하나라고 한다.

10 虚荣心
- 경제적 조건이 허락하지 않는 상황에서 여전히 명품 옷을 입고 고급차를 몰고 호화 별장에 사는 걸 바라는 것은 모두 허영심의 표현이다.
- 한 여자가 "BMW에 앉아 울지언정 자전거에 앉아 웃는 것은 싫다"고 말했다. 그녀의 허영심이 너무 강하다.

11 起跑线
- 현재 젊은 부모들은 유아 교육을 아주 중요시한다. 아이가 시작부터 앞서가게 하려는 것이다.
- 인생은 마라톤 경기와 같아, 인생의 출발선도 물론 중요하지만, 중간에 긴 여정을 한 걸음 한 걸음 착실하게 버텨야 멋진 인생을 살 수 있다.

12 含辛茹苦
- 그녀는 홀어머니로서 혼자 온갖 고생을 참고 견디며 아이를 훌륭하게 키웠다. 정말 대단한 어머니이다.
- 한평생 온갖 고생을 참고 견딘 부모님을 보며 더 이상 그들을 속 썩이지 않고 잘 봉양해내겠다고 결심했다.

13 聪明伶俐
- 그는 어려서부터 총명하여 유치원에 다닐 때 이미 많은 한자를 알고 있었다.
- 네가 이렇게 영리하니 이 수학 문제는 너에겐 어렵지 않을 거야.

14 娇生惯养
- 그 여자 아이는 어려서부터 응석받이로 자랐다. 지금은 중학교에 다니지만 학교에서 청소할 때마다 청소 일을 제대로 못해 학우들이 모두 그녀에 대해 불만이다.
- 집에서 응석받이로 자란 아이는 다 큰 후에 다른 사람과 좋은 인간 관계를 유지하기가 힘들다.

15 望子成龙
- 부모들은 모두 자식이 훌륭한 인물이 되기를 바라는 심리가 있어서 자신의 자식이 자라서 출세하기를 바란다.
- 그는 자식이 잘되기를 바라는 마음이 절실하여 초등학교 다니는 아들에게 영어, 수학, 작문, 피아노, 서예 등등 여러 방과 후 반을 등록해주어 아들은 주말에도 쉬지 못했다.

谈一谈 해석 152쪽

① 儿行千里母担忧，母行千里儿不愁
- 10년 전, 내가 처음 한국에 올 때, 엄마는 일찌감치 내 짐을 모두 준비해 놓으셨고, 떠나기 전에도 계속 이것 저것 당부하니, 정말 자식이 천 리를 떠나면 어머니는 근심하는 구나.
- 중국에는 "자식이 먼 길 떠나면 어머니는 걱정하지만, 어머니가 먼 길 떠나도 자식은 걱정하지 않는다"고 하는 속담 어구가 있다. 그 뜻은 자식의 부모에 대한 관심은 부모의 자식에 대한 걱정과 비교할 수 없을 만큼 멀고도 멀기에, 부모님의 사랑은 위대하고, 주저없이 내어주며 보답을 바라지 않는다고 말하는 것이다.

2　上梁不正下梁歪
- 부모는 아이의 첫 번째 선생님이기에, 부모의 행동은 아이에게 직접적인 영향을 미치며 부모의 행동이 옳지 않으면 아이도 따라서 비뚤어진 길을 간다. 다시 말하면 윗물이 맑아야 아랫물이 맑다는 것이다.
- 그들 부자는 사기죄로 징역형을 선고 받았는데, 모두들 이것은 정말 윗물이 맑아야 아랫물이 맑다고 말한다.

3　恨铁不成钢
- 아이가 시작부터 앞서가게 하기 위해 그 어머니는 아이의 공부에 많은 공을 들였지만, 그녀는 아이의 심리 교육을 소홀히 했고, 결국 아이가 반항기에 물건을 훔치다가 경찰에 붙잡혔다. 그녀는 자신이 (아이를) 제대로 키우지 못한 것이 한스럽다고 말했다.
- 그가 고3이 되었을 때, 학업 성적이 여전히 좋지 않아 대학 진학에 가망 없는 것을 보고, 그의 아버지는 무쇠가 강철이 되지 못함을 안타까워하며 차라리 그를 입대시켜, 부대에서 훈련을 받은 후, 자기 힘으로 생활할 수 있는 사람이 되기를 바란다.

4　可怜天下父母心
- 서른 살의 나이에 그는 대학을 졸업하고도 줄곧 하는 일 없이 부모에게 의지해 살고 있는데, 지금 부모가 급하게 여자 친구를 찾아 준다니, 정말 세상 부모들의 마음이란…
- 세상 부모의 마음을 가련하게 여겨야 한다는 말은 조금도 틀리지 않는다. 그들은 젊어서는 자녀를 키우고, 늙어서는 자녀를 도와 손자, 손녀, 외손자, 외손녀를 돌보고, 자녀의 일상 생활비까지 보조해 줘야 한다.

5　子不嫌母丑, 狗不厌家贫
- 부모는 자녀에게 올바른 인생관을 심어 주어야 하고, (자식은)비록 자기 집이 가난해도 부모와 가족을 미워해서는 안되며 자기 집을 사랑해야 한다. 이것은 사람들이 "자식은 못생긴 어머니를 부끄러워하지 않고, 개는 집이 가난해도 꺼리지 않는다"라고 흔히 하는 말이다.
- 우리 집은 비록 경제 여건이 좋지 않지만, 부모는 온갖 고생을 참고 우리 네 자녀를 키워왔기 때문에 우리는 지금까지 우리 집이 가난하다고 해서 창피해한 적이 없어. 자식은 못생긴 어머니를 부끄러워하지 않고, 개는 집이 가난해도 꺼리지 않잖아.

10과　비바람을 겪지 않고 어떻게 무지개를 볼 수 있겠는가?

 ▶ 165쪽

1　信念
- 우리가 필승의 신념을 품고 그것을 위해 꾸준히 노력한다면 성공할 수 있을 것이다.
- 사람이 신념이 없으면 인생의 방향을 찾기가 쉽지 않고 결국 자기 자신을 잃을 것이다.

2　美妙
- 스트레스가 심할 때 아름다운 음악을 한번 들어 봐, 너의 몸과 마음이 편안해질 거야.
- 나는 아름다운 삶은 물질적 재산을 얼마나 많이 가지고 있느냐가 아니라 얼마나 많은 즐거움과 행복을 가지고 있느냐에 달려 있다고 생각해.

3　离谱
- 그의 이 계획은 너무 터무니없고 현실과 전혀 맞지 않아 실현 불가능하다.
- 그녀는 무슨 일을 하든지 실제 상황을 고려하지 않는다. 정말 엉뚱한 사람이다.

4　畅想
- 어릴 때는 누구나 아름다운 미래를 마음껏 상상하며 미래를 향한 길 위에서 열심히 전진한다.
- 나는 곧 박사를 졸업할 것이다. 그래서 일자리를 찾으며 미래의 행복한 생활을 상상하고 있다.

5　沉浸
- 그 신혼부부는 더할 나위 없는 행복에 빠져있다.
- 그곳에서 큰 지진이 일어나 많은 사람들이 가족을 잃었지만, 계속 살아가기 위해, 슬픔에 빠져있는 사람들은 자신의 삶의 터전을 재건하기 시작했다.

6　遗憾
- 최근에 대학 선배 중 한 명이 원래 젊고 유능한 중학교 교장이라고 들었는데, 암에 걸려 세상을 떠났다. 정말 안타깝다.

부록 1

学一学, 谈一谈 예문 해석

- 젊을 때 하고 싶은 일은 열심히 시도해 봐야지, 어떤 아쉬움도 남기면 안된다.

7 虚幻
- 그 회사는 정부의 지원을 받기 위해 많은 통계 자료를 조작하고 많은 허상을 만들어냈다. 그러나 현지 조사원은 비현실적인 허상에 속지 않고 그들의 기만 행위를 처리해 나갔다.
- 꿈을 추구할 때는 실사구시해야 한다. 허황된 꿈을 좇지 말아라.

8 荒唐
- 그 회사 사장은 뜻밖에도 직원들에게 서로 뺨을 때리라고 했다. 이런 황당한 일을 할 수 있다니 정말 이해할 수가 없다.
- 그는 우리 모두에게 비키니를 입고 공연에 가라고 하는데, 이런 생각 너무 황당하잖아?

9 点燃
- 어제 우리 반 한성호 학우의 생일을 축하해주고 생일 촛불을 밝힌 후 우리는 중국어로 〈생일 축하해〉 노래를 불렀다.
- 대학생들은 지금 인생의 봄날에 있으니 대담하게 청춘의 열정과 꿈에 불을 붙이고 용감하게 앞으로 나아가야 한다.

10 追求
- 너희 둘은 언제부터 사귀기 시작했어? 누가 먼저 쫓아다닌 거야?
- 최근 중국의 노인들도 특별히 추구하는 바가 생겼다. 그들도 여행을 가고, 봉사활동을 하고, 자신들의 젊은 시절에 못다 이룬 꿈을 이루기 시작했다.

11 脚踏实地
- 성공은 허황된 꿈에 기대는 게 아니고 착실한 노력에 의지해야 하는 것이다.
- 그는 자신의 이상을 실현하기 위해 줄곧 끊임없이 공부해왔고, 일하는 중에도 한 단계 한 단계 착실하게 하여 마침내 성공을 거두었다.

12 有朝一日
- 우리는 좋은 생활 습관을 길러야 한다. 그렇지 않으면 언젠가는 반드시 질병이 찾아올 것이다.
- 지금은 비록 사장이 너를 중시하지 않으시지만, 네가 착실하게 견뎌 나가면 언젠가는 반드시 그분에게 인정받을 것이다.

13 如愿以偿
- 엄마는 내가 이번 시험을 잘 보면 나를 데리고 해외여행 간다고 약속했는데, 이번에 만점을 받아서 드디어 소원을 성취할 수 있게 되었다.
- 너 중국 요리 먹고 싶다고 하지 않았어? 네가 이번 중국어 웅변대회에서 상을 받는다면 네가 바라는 대로 중국 요리 사줄게.

14 梦寐以求
- 이 한정판 CD는 내가 꿈에서도 바라던 것인데 오늘 드디어 샀다. 정말 기분이 최고다.
- 지금 내가 자나깨나 바라는 것은 바로 박사 졸업 논문 구술시험을 순조롭게 통과하는 것이다.

15 梦想成真
- 나는 내일 귀국할 거야, 그동안 도와준 모두들 정말 고마워, 앞으로 모든 일들이 순조롭고, 꿈이 이루어지길 바라!
- 나는 줄곧 나의 중국어 실력을 보여줄 수 있는 기회가 있기를 바랐는데, 이번에 '한어교' 대회에 참여했을 뿐만 아니라 상도 받았다. 드디어 꿈이 이루어졌다.

谈一谈 해석 ▶ 170쪽

1 老骥伏枥, 志在千里; 烈士暮年, 壮心不已
- 비록 그는 은퇴하고 나이가 들었지만, 늙은 천리마가 마구간에 누워있어도 여전히 천 리를 달리고 싶어하듯, 그는 이미 다음 단계의 계획을 다 짜 놓았다.
- 속담에 이르기를 늙은 천리마는 마구간에 누워 있어도 그 뜻은 천 리를 달리고 있다고 한다. 요즘 노인들은 신체 조건이 좋고, 경험도 풍부해서, 사회에 많은 공헌을 할 수 있다.

2 不忘初心, 方得始终
- 어떤 사람들은 약간의 성과를 거둔 후에 자신의 최초의 꿈을 잊고 결국 나쁜 길로 들어선다. 따라서 언제나 우리는 "초심을 잊지 말아야 유종의 미를 거둘 수 있다"는 이치를 명심해야 한다.

➲ 어렸을 때, 부모님은 늘 나에게 착실히 일하고, 초심을 잊지 말아야 유종의 미를 거둘 수 있다고 훈계하셨다. 수십 년 동안 나는 줄곧 명심해 왔고 결코 잊은 적이 없다.

③ 不经历风雨，怎能见彩虹

➲ 생활 속에서 어려움과 곤란을 겪더라도 두려워하지 마라. 이른바 "비바람을 겪지 않고 어떻게 무지개를 볼 수 있는가"라고 하는데, 끝까지 버텨낸다면 반드시 성공할 수 있다.

➲ 꿈을 추구하는 길에는 성공도 있고, 실패도 있을 수 있다. 비바람을 겪지 않고 어떻게 무지개를 볼 수 있겠는가? 허투루 성공할 수 있는 사람은 없다.

④ 鱼和熊掌不可兼得

➲ 이 둘 중 하나를 포기해야 한다. 너무 욕심을 부리지 마라. 왜냐하면 생선과 곰 발바닥을 다 가질 수는 없기 때문이다.

➲ 무슨 일을 하든지 간에 먼저 중요한 것, 급한 것부터 해야 한다. 생선과 곰 발바닥을 다 가질 수는 없다. 그렇지 않으면 어떤 것도 제대로 할 수 없을 것이다.

⑤ 梦想还是要有的，万一实现了呢

➲ 현재 일부 대학 졸업생들은 일시적으로 만족스러운 직업을 찾지 못해 집에서 부모님에게 의탁해 지내고 있다. 하지만 꿈은 있어야 한다. 혹시라도 이루어질 수 있으니! 꿈을 위해 견지하고 노력한다면 반드시 꿈을 이룰 수 있다.

➲ 이번 공무원 시험에 또 실패하고 자신감을 잃었을 때, 내 친한 친구가 내게 말했다. "꿈은 있어야 한다. 혹시라도 이루어질 수 있으니." 그래서 나는 다시 용기를 내 다음에 다시 도전을 하기로 했다.

부록 2

练一练 정답/해석

1과 백성은 먹는 것을 하늘로 여긴다

1

- 营养 — 丰富, 饮食 — 清淡, 食欲 — 不振, 垃圾 — 食品, 五味 — 俱全
- 五谷 — 杂粮, 津津 — 有味, 酒香不怕 — 巷子深, 山珍 — 海味, 饱汉子不知 — 饿汉子饥

2

① D 卖相
- 엄마가 만들어준 요리는 모양은 별로지만 맛이 아주 좋다. 나는 고봉밥 한 그릇을 다 먹었다.

② A 招牌菜
- 취앤쥐더의 간판 요리는 바로 그 유명한 북경오리 구이다.

③ B 下饭
- 오늘 마누라가 해준 요리가 너무 맛있어 유별나게 입맛이 당긴다.

④ C 狼吞虎咽
- 그는 정말 배가 몹시 고파서 고봉밥 한 그릇을 순식간에 깨끗이 먹어 치웠다.

⑤ E 五谷杂粮
- 매일 오곡 잡곡을 조금씩 먹으면 질병의 발생을 예방할 수 있다.

3

① 饱汉子不知饿汉子饥
- 너 같은 재벌 2세는 집에 방도 있고 차도 있으니 우리 같이 막 졸업한 학생의 생활고가 얼마나 큰지 어떻게 알겠냐. 정말 배부른 사람은 굶주린 사람의 배고픔을 모른다.

② 癞蛤蟆想吃天鹅肉
- 그는 이렇게 얕은 실력으로 일등도 다투고 싶어 하네. 흥! 두꺼비가 백조 고기를 먹으려 하면 안 되지.

③ 酒香不怕巷子深
- 그 훠궈집은 비록 위치는 좀 외지지만 장사는 아주 잘된다. 정말이지 술 향은 골목 깊은 걸 두려워하지 않는다.

2과 술은 지기를 만나면 천 잔도 모자란다

1

- 头脑 — 清醒, 酒肉 — 朋友, 酒足 — 饭饱, 花天 — 酒地, 下酒 — 菜
- 以茶 — 代酒, 灯红 — 酒绿, 酒逢知己 — 千杯少, 感情深 — 一口闷, 天下没有 — 不散的筵席

2

① D 醉醺醺
- 그 늙은이는 술고래다. 매일 술에 취해 애들을 때리고 욕을 한다. 정말 짐승 같은 놈이다.

② B 花天酒地
- 그 몇몇 졸부들은 돈이 생긴 이후 매일 빈둥대며 사치스런 생활밖에 모른다.

③ A 灌醉
- 어제 저녁 술자리에서 상사가 끊임없이 나에게 술을 권하여 결국 나는 술에 취하게 되었다.

④ C 清醒
- 너희는 늘 정신을 바짝 차리고 있어야 해. 요즘 사기꾼이 너무 많아. 특히 노인들은 사기를 당하기 쉬워.

⑤ E 酒肉朋友
- 귀찮은 일을 만났을 때, 그를 도와주려는 그의 술친구들은 한 사람도 없었다.

3

① 天下没有不散的筵席
- 한국에서의 일이 끝나서 내일 귀국하려고 합니다.

200

세상에 끝나지 않는 잔치는 없습니다. 여러분 모두 건강하세요!

② 酒逢知己千杯少
- 형, 우리 둘이 비록 안 지는 얼마 안 됐지만, 정말 지기를 만나 술을 마시면 천 잔도 모자라다는데 형은 지금 나의 심정을 너무 잘 알아. 난 원 샷 할게, 형은 편한 대로 해.

③ 感情深，一口闷
- 형제들 다들 십여 년만이야. 오늘 같이 모일 수 있어서 정말 기뻐! 자자자~ 정이 깊으면 원 샷, 취하지 않으면 못 가!

3과 시간은 다 어디로 갔나?

1

- 永恒的 — 爱情, 推迟了 — 两天,
  三更 — 半夜, 常年 — 累月, 争分 — 夺秒
- 日积 — 月累, 猴年 — 马月, 光阴 — 似箭,
  三天打鱼 — 两天晒网, 一年之计 — 在于春

2

① D 猴年马月
- 이런 식으로 해서 어느 세월에 끝낼 수 있으려나!

② B 及时
- 너 때마침 잘 왔어, 마침 너한테 물어볼게 있어.

③ E 眨眼间
- 눈 깜짝할 사이에 아이가 없어졌다.

④ C 长年累月
- 일 때문에 아버지는 오랜 기간 줄곧 외지에서 바쁘게 뛰어다니셨다.

⑤ A 傍晚
- 산기슭에 도착하면 분명 저녁 무렵인데 무슨 산에 올라가겠다는 거야!

3

① 路遥知马力，日久见人心
- 그 사장님은 다년간 어려운 학생들을 지원해 왔다. 정말이지 길이 멀어야 말의 힘을 알 수 있고 오래 지내봐야 사람의 마음을 알 수 있다.

② 一寸光阴一寸金，寸金难买寸光阴
- 성공하고 싶다면 시간 관리를 잘 하는 것이 중요하다. 시간은 금이지만 금으로 시간을 살 수는 없다. 시간을 낭비하면 아무것도 이루지 못할 것이다.

③ 三天打鱼，两天晒网
- 무슨 일을 하든지 계속 지속해 나가야지, 작심삼일하면 성공할 수 없다.

4과 봄잠에 날이 밝는 줄 몰랐더니

1

- 晴朗的 — 天空, 阳光 — 明媚,
  炎热的 — 夏天, 春暖 — 花开, 秋高 — 气爽
- 灿烂的 — 笑容, 未雨 — 绸缪,
  子欲养 — 而亲不待, 无风 — 不起浪
  万事俱备 — 只欠东风

2

① E 灿烂
- 그 책을 들고 소녀는 환한 미소를 지었다.

② B 晴朗
- 아름다운 밤이다. 맑게 갠 밤하늘엔 별들이 가득하다.

③ A 结冰
- 겨울 강물이 얼자, 아이들이 강 위에서 즐겁게 썰매를 탄다.

④ D 未雨绸缪
- 노후 생활을 미리 잘 준비하기 위해서 젊을 때 미리미리 대비하여야 한다.

⑤ C 秋高气爽
- 북쪽 지방의 가을은 하늘 높고 공기 좋은 계절이야, 식구들 데리고 단풍 구경가자.

부록 2

练一练 정답/해석

3

① 子欲养而亲不待
- 부모님이 살아 계실 때 많은 효도를 해야 한다. 자식은 부모를 봉양하고 싶으나 부모님은 기다려 주지 않는다. 부모님이 세상을 떠난 후엔 효도하고 싶어도 할 수 없다.

② 冰冻三尺，非一日之寒
- 그들 두 형제는 부친의 유산 분배 문제에서 갈등이 생겨 십수 년간 왕래가 없었다. 석 자 두께의 얼음이 하루 추위에 언 게 아니라는데, 보아하니 화해하기 힘들겠다.

③ 天有不测风云，人有旦夕祸福
- 그들 일가는 원래 생활이 매우 행복했는데, 돌연 한 번의 교통사고가 부친의 생명을 앗아갔다. 정말 하늘에는 뜻밖의 풍운이 있고 사람에게는 아침저녁으로 화복이 있다.

5과 계림의 산수는 천하제일이다

1

- 宏伟的 — 建筑, 历史 — 悠久,
  场面 — 壮观, 令人 — 陶醉, 清澈的 — 溪水
- 山青 — 水秀, 气势 — 磅礴,
  上有天堂 — 下有苏杭, 桂林山水 — 甲天下,
  不到长城 — 非好汉

2

① B 历尽沧桑
- 노구교는 세상 모든 일을 다 겪은 노인처럼, 북경성의 변천을 말없이 바라보고 있다.

② E 茂密
- 무성한 숲 속을 걸으며 신선한 공기를 마시니 마음도 편안해졌다.

③ C 陶醉
- 공원에 온갖 꽃이 만발하고 풍경이 그림 같아 사람들을 도취시킨다.

④ D 被誉为
- 펑라이는 중국의 유명한 관광 도시다. 이곳은 신기루 같은 기이한 광경이 자주 나타나 '인간 세상의 선경'으로 불린다.

⑤ A 气势磅礴
- 구이저우성에 있는 황과수 폭포는 세계의 유명한 폭포 중 하나다. 오늘 보니 과연 기세가 웅장하다.

3

① 不到长城非好汉
- HSK 6급 시험을 이미 여러 번 보았지만 모두 통과하지 못했다. 하지만 장성에 오르지 못하면 대장부가 아니라는 말이 있듯이 나는 끝까지 해낼 것이다.

② 五岳归来不看山
- 친구가 중국 여행 갔다 온 다음부터 매번 등산 약속할 때마다 "오악을 보고 나니 다른 산들이 눈에 차지 않는다"고 말하는데, 알고 보니 그는 중국의 웅장한 산들을 다 올라보았더군!

③ 蜀道难，难于上青天
- 다들 돈 벌기 힘들다고 하는 건 마치 "촉으로 가는 길은 하늘을 오르는 것보다 힘들다"는 말과 같은데 너는 돈 쓰는 게 왜 이렇게 헤프냐?

6과 공정하고 청렴한 관리라도 집안일을 잘 처리하기 어렵다

1

- 铺 — 地毯, 隔壁的 — 邻居, 场面 — 温馨,
  家庭 — 和睦, 条件 — 艰苦
- 披星 — 戴月, 苦中 — 作乐, 安居 — 乐业,
  清官难断 — 家务事, 远亲 — 不如近邻

2

① D 隔壁
- 샤오왕과 나는 좋은 친구이며 이웃이기도 하다. 그는 우리 옆집에 산다.

② B 水龙头
- 우리 집 수도꼭지가 고장 나서 늘 물이 떨어지고 있다. 빨리 사람을 불러 수리해야 한다.

③ E 披星戴月
- 샤오류는 공무원 시험을 준비하기 위해 매일 밤새도록 공부했지만 또 낙방했다.

④ A 一贫如洗
- 원래 이 집은 가난했는데 아버지의 갑작스런 암이 이 집을 더더욱 어렵게 하였다.

⑤ C 安居乐业
- 비록 오랜 전쟁이 이 나라 백성들을 편히 살며 즐겁게 일하지 못하게 만들었지만 사람들은 희망을 버린 적이 없다.

3

① 远亲不如近邻
- 출근 후 갑자기 큰비가 내리자 그녀는 마당에 널어둔 이불이 생각나서 '큰일났다!'라고 생각했다. 그런데 저녁에 집에 돌아와 보니 옆집 이웃이 이불을 걷어주었다. 정말 "가까운 이웃이 먼 친척보다 낫다!"

② 清官难断家务事
- 부모는 그를 성인으로 키우고 유학 공부도 지원했지만 출국 후 그는 오히려 20년 동안 부모에게 연락한 적이 없다. 그에게 이유를 물으니 그는 오히려 "현명한 관리도 집안일은 잘 처리하기 어렵다."고 말한다.

③ 不听老人言，吃亏在眼前
- 연애할 때 그 둘은 항상 싸웠다. 양측 부모는 모두 그들의 결혼을 동의하지 않았다. "어른의 말을 듣지 않으면 눈앞에서 손해본다. 너희는 이렇게 성격이 맞지 않는 사람이라 결혼 후에 행복하지 못 할거야"라고 말했다.

7과 군자가 한번 내뱉은 말은 사두마차로도 따라잡기 힘들다

1
- 态度 — 乐观, 开朗的 — 性格,
  脾气 — 暴躁, 计较 — 金钱, 一丝 — 不苟
- 深思 — 熟虑, 自暴 — 自弃,
  君子一言 — 驷马难追, 宰相肚里 — 能撑船, 不见棺材 — 不落泪

2

① E 虚伪
- 한동안 그와 같이 일을 했는데 생각한 대로 위선적인 본성이 완전히 드러났다.

② C 深思熟虑
- 드디어 수능 성적이 나왔다. 졸업한 고교생들은 심사숙고한 후에야 다니고 싶은 대학 이름을 적었다.

③ B 暴躁
- 샤오왕의 아버지는 성미가 거칠고 급한 탓에 샤오왕이 아주 어릴 때 어머니와 이혼했다.

④ D 一丝不苟
- 우리 반 학생들은 수업할 때 모두 꼼꼼하게 필기를 하며 아주 열심히 중국어 공부를 한다.

⑤ A 自暴自弃
- 인생이 아직 많이 남았으니 이런 사소한 일 때문에 자포자기하지 마라.

3

① 不分青红皂白
- 오늘 나는 친구와 말다툼을 했다. 나의 잘못이 아닌데 선생님은 다짜고짜 나를 야단치셨다.

② 君子一言，驷马难追
- 네가 이번에 우리와 같이 여행 간다고 했지, 한번 뱉은 말은 주워 담을 수 없으니 네가 한 말은 꼭 지켜야 해!

부록 2

练一练 정답/해석

③ 得理不饶人
- 버스 기사가 문을 닫을 때 실수로 한 승객의 손이 끼어 기사는 즉시 그녀에게 사과했지만, 그녀는 이치를 따지며 용서하지 않고 끝없이 원망하며 기사를 질책했다.

8과 하룻밤 부부라도 만리장성을 쌓는다

1

- 敷衍 — 了事, 侧耳 — 倾听, 一见 — 钟情, 相濡 — 以沫, 欲擒 — 故纵
- 青梅 — 竹马, 喜结 — 连理, 家家有本 — 难念的经, 一日夫妻 — 百日恩, 小别 — 胜新婚

2

① B 相濡以沫
- 이 부부는 여러 해 동안 서로 의지하고 도우며 난관을 하나하나 넘어왔다.

② D 欲擒故纵
- 상대방의 이 수는 잡으려고 일부로 놓아주는 것이니 절대로 속지 마라.

③ E 敷衍
- 엄마가 아빠에게 집안일을 좀 시키면 아빠는 항상 건성건성 하신다.

④ A 相敬如宾
- 왕 군의 할아버지 할머니는 이미 수십 년을 함께 살면서 줄곧 서로 손님처럼 공경해 왔으며 여태까지 얼굴을 붉힌 적이 없다.

⑤ C 倾听
- 부부간에는 항상 서로 상대방 내면의 소리에 귀 기울이며 자주 대화해야 한다. 그래야 오래도록 변치 않을 수 있다.

3

① 家家有本难念的经
- 살면서 아무리 행복한 가정이라도 그 집의 어려운 점이 있다. 속담에 "집집마다 읽기 어려운 경전이 있다"라는 말이 있다. 각각의 집에는 각 집마다의 고민이 있다.

② 执子之手，与子偕老
- 행복한 생활은 "부부가 손을 잡고 평생 함께 하는 것"이라고 생각한다. 가장 낭만적인 일은 사랑하는 사람과 함께 천천히 늙어가는 것이다.

③ 一日夫妻百日恩
- 남편이 다쳤다는 소식을 듣고 부인이 울며 병원으로 달려가 수술실 문 앞을 지키며 한 발짝도 떠나지 않았다. 정말 부부의 연은 가벼운 것이 아니구나.

9과 자식이 먼 길을 떠나면 어머니는 걱정한다

1

- 放纵 — 自己, 叛逆 — 期, 孝顺 — 父母, 溺爱 — 孩子, 虚荣心 — 强
- 望子 — 成龙, 娇生 — 惯养, 儿行千里 — 母担忧, 子不嫌 — 母丑, 上梁不正 — 下梁歪

2

① A 攀比
- 자꾸 남과 비교하지 말고 만족할 줄 알아야 생활이 편안하다.

② B 虚荣心
- 부모의 허영심을 만족시키기 위해 아이들의 어린 시절이 조금도 즐겁지 않게 지나간다.

③ C 娇生惯养
- 사촌 동생은 어려서부터 응석받이로 자라서 지금도 여전히 아무것도 할 줄 모른다.

④ D 含辛茹苦
- 이 위대한 어머니는 고생을 참고 견디며 다섯 명의 아이들이 대학을 마치도록 뒷바라지하였다.

⑤ E 享福
- 왕교수는 퇴직한 후에 집에서 편히 쉴 수 있었지만 학생들을 위해 다시 학교로 돌아와 수업을 계속 한다.

3

① 子不嫌母丑，狗不厌家贫
- 작년에 어머니를 업고 대학에 다니는 학생이 사회적으로 큰 관심을 받았다. 어떤 사람이 왜 이렇게 하냐고 물으니 그가 말하길 "자식은 못생긴 어머니를 부끄러워하지 않고 개는 주인집이 가난해도 꺼리지 않는다. 나는 학교를 다니기 위해 어머님을 그냥 놔둘 수 없다."고 했다.

② 儿行千里母担忧
- 내 외조카가 곧 외국 유학을 간다니 이 얼마나 좋은 일인가! 그러나 언니는 하루 종일 이런저런 걱정이다. 정말 자식이 먼 길 떠나면 어머니는 걱정한다더니…

③ 可怜天下父母心
- 그 모친은 이미 80세가 되었고 몸도 안 좋지만 매일 아들의 집에 가서 방 청소를 하고 손자를 돌봐준다. 며느리는 늘 모친과 말다툼하는데 그녀는 아무 말도 하지 않는다. 정말 세상 부모들의 마음이란…

10과 비바람을 겪지 않고 어떻게 무지개를 볼 수 있겠는가?

1

- 美妙的 — 音乐, 畅想 — 未来,
  深感 — 遗憾, 虚幻的 — 假象,
  脚踏 — 实地
- 如愿 — 以偿, 梦想 — 成真,
  鱼和熊掌 — 不可兼得,
  老骥伏枥 — 志在千里,
  不经历风雨 — 怎能见彩虹

2

① B 信念
- 사람은 신념이 있어야 하지만 신념만 가지고는 부족하다. 행동으로 옮겨 견지해 나가야한다.

② D 脚踏实地
- 매일 허무맹랑한 환상에 빠져있지 말고 견실하게 해나가야 꿈을 이룰 수 있다.

③ E 遗憾
- 평생의 가장 큰 여한은 공부를 제대로 하지 못한 것이라고 할아버지는 말씀하셨다.

④ A 靠谱
- 이렇게 중요한 일을 너는 어떻게 이렇게 믿을 수 없는 사람에게 맡겼냐?

⑤ C 梦寐以求
- 그는 마침내 꿈에도 그리던 남극 대륙을 밟았고 생명력 넘치는 펭귄을 보았다.

3

① 不经历风雨，怎能见彩虹
- 이번 자격시험에 통과하지 못하더라도 포기하지마, 고생 끝에 낙이 온다고, 네가 계속 노력하면 반드시 통과할 수 있어.

② 鱼和熊掌不可兼得
- 최근에 나는 좋은 기회가 두 가지 생겼는데 아직 결정을 못했어. 회사에 남아 승진을 기다리거나 장학금을 받아 중국 유학 가는 거야. 난 양자택일 해야 해. 생선과 곰 발바닥을 다 가질 수는 없잖아, 그래서 잘 생각 해야 해.

③ 老骥伏枥，志在千里
- 그 교장은 퇴직 후 줄곧 특수 교육 학교의 자원봉사 활동을 꾸준히 해왔다. 뜻이 있는 사람은 늙어도 포부를 버리지 않는다더니 정말 사람을 감탄하게 한다.

부록 3

단어 찾아보기

A

安居乐业 ānjū-lèyè	96, 104
安康 ānkāng	155
案件 ànjiàn	149
肮脏 āngzāng	119

B

把握 bǎwò	26, 44, 101
罢 bà	34
白头偕老 báitóu-xiélǎo	39, 132, 135
傍晚 bàngwǎn	39, 50, 77
包包 bāobāo	113
包容 bāoróng	130, 132
宝马 Bǎomǎ	149
保尔 Bǎo'ěr	178
暴躁 bàozào	112, 122
被誉为 bèi yùwéi	75, 78, 86, 178
辈分 bèifen	34
奔波 bēnbō	50
比翼鸟 bǐyìniǎo	135
彼此 bǐcǐ	147
毕业论文答辩 bìyè lùnwén dábiàn	168
边陲 biānchuí	173
边缘 biānyuán	29, 65
编造 biānzào	166
遍布 biànbù	16
遍地 biàndì	80
别看 biékàn	170
别墅 biéshù	149
补贴 bǔtiē	153
不三不四 bùsān-bùsì	62
不懈 bùxiè	165, 167
不足为怪 bùzúwéiguài	106
不醉不归 bù zuì bù guī	33
布置 bùzhì	94

C

残奥委员会 cán'àowěiyuánhuì	178
灿烂 cànlàn	57, 68, 75, 77, 101
藏 cáng	47, 137
操心 cāoxīn	149
曾经 céngjīng	39, 88, 101
柴米油盐 chái-mǐ-yóu-yán	47
蝉鸣 chán míng	76
长年累月 chángnián-lěiyuè	41, 44, 50
尝试 chángshì	166
畅想 chàngxiǎng	165
嘲笑 cháoxiào	137
撤退 chètuì	173
沉浸 chénjìn	166
沉醉 chénzuì	166
撑 chēng	155
成家立业 chéngjiā-lìyè	148
承担 chéngdān	106, 113
承受 chéngshòu	65
城堡 chéngbǎo	76
吃醋 chīcù	129
痴情 chīqíng	129
痴心妄想 chīxīn-wàngxiǎng	10
持久 chíjiǔ	104
翅膀 chìbǎng	119
抽屉 chōuti	93
出人头地 chūréntóudì	150
处在 chǔzài	167
川黔 Chuān-Qián	70
穿越 chuānyuè	173
窗帘 chuānglián	93
春暖花开 chūnnuǎn-huākāi	59
春意盎然 chūnyì-àngrán	59
醇美 chúnměi	11
此刻 cǐkè	40
聪明伶俐 cōngming línglì	150
粗茶淡饭 cūchá-dànfàn	6
醋坛子 cùtánzi	21
寸步不离 cùnbù-bùlí	141

206

D

搭配 dāpèi	16, 113
打拼 dǎpīn	29
打肿脸充胖子 dǎ zhǒng liǎn chōng pàngzi	124
大喊大叫 dà hǎn dà jiào	112
大名鼎鼎 dàmíng-dǐngdǐng	14
大手大脚 dàshǒu-dàjiǎo	87
逮捕 dàibǔ	131
代沟 dàigōu	147
单打独斗 dāndǎ dú dòu	52
单调 dāndiào	11
导致 dǎozhì	178
稻草人 dàocǎorén	137
稻香村 Dàoxiāngcūn	3
灯红酒绿 dēnghóng-jiǔlǜ	23
抵挡 dǐdǎng	21
地广人稀 dìguǎng-rénxī	124
地毯 dìtǎn	93
地毯式搜索 dìtǎn shì sōusuǒ	93
地震 dìzhèn	58, 95, 166
点燃 diǎnrán	167
叮嘱 dīngzhǔ	152
冬奥组委会 dōng'àozǔwěihuì	178
洞天福地 dòngtiān-fúdì	78
抖空竹 dǒu kōngzhú	52
赌博 dǔbó	95
对待 duìdài	6, 129, 130
夺 duó	69

E

| 耳光 ěrguāng | 166 |

F

发酵 fājiào	11
发小 fà xiǎo	24
繁忙 fánmáng	142
反叛 fǎnpàn	147
放纵 fàngzòng	147
分寸 fēncun	26
粉丝 fěnsī	112
风风雨雨 fēngfēng-yǔyǔ	132
风格 fēnggé	29, 83
风和日丽 fēnghé-rìlì	60, 70
风靡一时 fēngmǐ yīshí	83
封禅 fēngshàn	88
疯狂 fēngkuáng	119
佛系 fóxì	112
敷衍 fūyǎn	129, 140
敷衍了事 fūyǎn-liǎoshì	129
扶持 fúchí	166
抚养 fǔyǎng	148, 153
付出 fùchū	129, 152

G

改邪归正 gǎixié-guīzhèng	62
尴尬 gāngà	129
感染 gǎnrǎn	111
橄榄枝 gǎnlǎnzhī	75
干脆 gāncuì	153
干旱 gānhàn	58, 70, 95
干涉 gānshè	130
高位截瘫 gāowèi jiétān	178
告诫 gàojiè	170
歌坛 gētán	83
隔壁 gébì	94, 98, 104
跟踪 gēnzōng	40, 131
工序 gōngxù	4
管束 guǎnshù	147
灌醉 guàn zuì	23, 32
光盘行动 guāng pán xíngdòng	124
光阴似箭 guāngyīn sì jiàn	42
广泛关注 guǎngfàn guānzhù	159

부록 3

단어 찾아보기

过往 guòwǎng	119, 137
过于 guòyú	112, 130, 131, 147, 149

H

海市蜃楼 hǎishì-shènlóu	86
海啸 hǎixiào	58
含辛茹苦 hánxīn-rúkǔ	149, 154, 155, 158
寒冬腊月 hándōng-làyuè	60
汉语桥 Hànyǔqiáo	168
汗蒸房 hàn zhēng fáng	148
豪爽 háoshuǎng	124
和睦 hémù	95
红颜知己 hóngyán zhījǐ	24
宏伟 hóngwěi	75, 78, 81
猴年马月 hóunián-mǎyuè	42, 50
忽视 hūshì	153
狐朋狗友 húpéng-gǒuyǒu	24
壶口瀑布 Húkǒu Pùbù	75
花天酒地 huātiān-jiǔdì	24, 32
花样繁多 huāyàng fánduō	160
话不投机 huà bù tóu jī	27
怀抱 huáibào	78
欢快 huānkuài	34
欢笑 huānxiào	111
荒唐 huāngtáng	166
荒芜 huāngwú	29
黄果树大瀑布 Huángguǒshù Pùbù	78
黄土高坡 Huángtǔ Gāopō	83
活生生 huóshēngshēng	176

J

激励 jīlì	101
及时 jíshí	40, 50
极端 jíduān	70
急躁 jízào	95
脊髓血管瘤 jǐsuǐ xuèguǎn liú	178
计较 jìjiào	113, 116
寂静 jìjìng	76, 78
家务 jiāwù	94, 98, 106
夹层 jiā céng	137
坚固 jiāngù	76
尖叫 jiānjiào	40
坚决 jiānjué	173
艰苦 jiānkǔ	95
艰难困苦 jiānnán kùnkǔ	171
见证 jiànzhèng	86
健在 jiànzài	69
江浙 Jiāng-Zhè	80
讲究 jiǎngjiu	3, 4, 34
娇生惯养 jiāoshēng-guànyǎng	150, 158, 160
骄阳似火 jiāoyáng sì huǒ	59, 76, 95
矫情 jiáoqing	112
脚踏实地 jiǎotà-shídì	149, 167, 170, 176
脚丫 jiǎoyā	47
结冰 jiébīng	57, 68
竭尽 jiéjìn	155
戒酒 jiè jiǔ	23
借酒浇愁 jiè jiǔ jiāo chóu	33
津津有味 jīnjīn-yǒuwèi	6
尽情 jìnqíng	52
经纪人 jīngjìrén	142
经年累月 jīngnián-lěiyuè	41
精打细算 jīngdǎ-xìsuàn	124
精髓 jīngsuǐ	173
精通 jīngtōng	106
警方 jǐngfāng	131
敬佩 jìngpèi	78
窘境 jiǒngjìng	119
纠纷 jiūfēn	117
纠结 jiūjié	113
酒鬼 jiǔguǐ	21
酒驾 jiǔ jià	21
酒满茶半 jiǔ mǎn chá bàn	24

酒肉朋友 jiǔròu-péngyǒu	24, 32
酒坛子 jiǔ tánzi	21
酒足饭饱 jiǔzú-fànbǎo	24, 28, 34
就读 jiùdú	122
居安思危 jū'ān-sīwēi	60
居多 jūduō	52, 160
捐助 juānzhù	51
绝顶 juédǐng	178
倔强 juéjiàng	119
均衡 jūnhéng	3, 5

K

开除 kāichú	114
开朗 kāilǎng	111
开拓 kāituò	83
开展 kāizhǎn	178
考察 kǎochá	166
靠谱 kào pǔ	81, 165, 176
啃老 kěn lǎo	172
空巢 kōngcháo	47
空旷 kōngkuàng	58
哭泣 kūqì	29
苦中作乐 kǔzhōng-zuòlè	96
困扰 kùnrǎo	113

L

垃圾食品 lājī shípǐn	5
蜡烛 làzhú	167
狼吞虎咽 lángtūn-hǔyàn	6, 14
劳作 láozuò	41
老干妈 Lǎogānmā	4
老茧 lǎojiǎn	42
老实 lǎoshi	112
乐观 lèguān	96, 111
雷锋 Léifēng	178
离谱 lípǔ	165
历尽沧桑 lìjìncāngsāng	78, 86
励志 lìzhì	101, 155
连理枝 liánlǐzhī	135
脸庞 liǎnpáng	11
晾 liàng	105
流动 liúdòng	101
流逝 liúshì	47
龙卷风 lóngjuǎnfēng	65
卢沟桥 Lúgōu Qiáo	86
轮椅 lúnyǐ	178
落榜 luòbǎng	104
驴脾气 lǘ píqì	112
绿豆汤 lǜdòu tāng	58
略 lüè	16

M

卖相 mài xiàng	4, 14
瞒 mán	8
漫长 màncháng	149
慢声细语 màn shēng xìyǔ	124
慢悠悠 màn yōuyōu	52
茂密 màomì	77, 86
梅雨 méiyǔ	59
媒人 méiren	129, 142
美妙 měimiào	76, 165
美味佳肴 měiwèi jiāyáo	34, 124
梦寐以求 mèngmèiyǐqiú	168, 176
梦想成真 mèngxiǎng chéng zhēn	168, 172
迷恋 míliàn	131
民不聊生 mínbùliáoshēng	96
民谣摇滚 mínyáo yáogǔn	29
名不虚传 míngbùxūchuán	80
明媚 míngmèi	57
摩肩接踵 mójiān-jiēzhǒng	77
漠河 Mòhé	70

부록 3

단어 찾아보기

N

南沙群岛 Nánshā Qúndǎo	70
难怪 nánguài	80
溺爱 nì'ài	147, 149
年复一年 nián fù yī nián	42
年夜饭 niányèfàn	5
酿 niàng	21
宁可 nìngkě	149
凝望 níngwàng	29
牛毛细雨 niúmáo xìyǔ	59

P

排山倒海 páishān-dǎohǎi	78
攀比 pānbǐ	148, 158
叛逆 pànnì	147, 153
抛开 pāo kāi	173
蓬莱 Pénglái	86
披星戴月 pīxīng-dàiyuè	95, 96, 99, 104
疲惫 píbèi	172
偏僻 piānpì	15
漂洋过海 piāoyáng-guòhǎi	137
平遥古城 Píngyáo Gǔchéng	75
婆媳 póxí	95
迫切 pòqiè	142

Q

欺骗 qīpiàn	166
其乐融融 qí lè róngróng	134
其余 qíyú	70
崎岖 qíqū	81
企鹅 qǐ'é	175
起 qǐ	149
起点 qǐdiǎn	142
起跑线 qǐpǎoxiàn	149, 153, 160
气势磅礴 qìshì-pángbó	78, 86
契阔 qì kuò	135
千山万水 qiānshān-wànshuǐ	173
牵挂 qiānguà	152, 155
谦让 qiānràng	131
秦岭 Qín Lǐng	70
勤快 qínkuai	130
青藏高原 Qīngzàng Gāoyuán	70
青梅竹马 qīngméi-zhúmǎ	132
倾听 qīngtīng	130, 140
清澈 qīngchè	77, 78
清澈见底 qīngchè jiàn dǐ	77
清淡 qīngdàn	4
清晰 qīngxī	137
清醒 qīngxǐng	22, 32
情绪化 qíngxù huà	113
晴朗 qínglǎng	57, 68
穷山恶水 qióngshān-èshuǐ	77
丘陵 qiūlíng	70
秋高气爽 qiūgāo-qìshuǎng	59, 68, 70, 76, 93
取而代之 qǔ'érdàizhī	142
全聚德 Quánjùdé	14
全力以赴 quánlìyǐfù	101
劝酒 quànjiǔ	21, 26
缺少 quēshǎo	147

R

让步 ràngbù	131
热闹非凡 rènào fēifán	142
热情好客 rèqíng hàokè	124
人山人海 rénshān-rénhǎi	77, 142
认可 rènkě	167
任性 rènxìng	147
日复一日 rì fù yī rì	42
日积月累 rìjī-yuèlěi	41
日新月异 rìxīn-yuèyì	41
肉嘟嘟 ròu dū dū	47
如愿以偿 rúyuànyǐcháng	168

S

洒脱 sǎtuō	114
三更半夜 sāngēng-bànyè	41
三思而(后)行 sānsī'ér(hòu)xíng	114
刹车 shāchē	40
山清水秀 shānqīng-shuǐxiù	77, 80
山珍海味 shānzhēn-hǎiwèi	6
赡养 shànyǎng	148, 149
商贩 shāngfàn	106
上当 shàngdàng	140
上门 shàng mén	167
捎 shāo	155
深思熟虑 shēnsī-shúlǜ	114, 122
神器 shéqì	4
生怕 shēngpà	130
声控 shēngkòng	93
省吃俭用 shěngchī-jiǎnyòng	24, 160
圣洁 shèngjié	75
实惠 shíhuì	16
实事求是 shíshì-qiúshì	166, 167
食欲 shíyù	5
世外桃源 shìwài-táoyuán	78
事与愿违 shìyǔyuànwéi	168
首届 shǒu jiè	178
受罪 shòu zuì	148
数据 shùjù	166
甩鞭子 shuǎi biānzi	52
双职工 shuāngzhígōng	106
水灵灵 shuǐlínglíng	77
水龙头 shuǐlóngtóu	94, 104
水墨画 shuǐmòhuà	93
顺口 shùnkǒu	137
说是 shuō shì	149
驷 sì	116
酥脆 sūcuì	3
塑料 sùliào	94
随和 suíhé	111
所 suǒ	132
索取 suǒqǔ	155
琐事 suǒ shì	113

T

台灯 táidēng	93
陶醉 táozuì	76, 86
踢毽子 tī jiànzi	52
体现 tǐxiàn	34, 106
天经地义 tiānjīng-dìyì	148
天长地久 tiāncháng-dìjiǔ	140
调整 tiáozhěng	113
跳绳 tiàoshéng	52
铁哥们儿 tiěgēmenr	24
投降 tóuxiáng	119
透汗 tòuhàn	148
突如其来 tūrú-qílái	104
推迟 tuīchí	40
妥协 tuǒxié	119

W

望子成龙 wàngzǐ-chénglóng	150, 160
为之 wèi zhī	165
为止 wéizhǐ	34
围裙 wéiqún	106
未雨绸缪 wèiyǔ-chóumóu	60, 64, 68
温馨 wēnxīn	94
闻名 wénmíng	75
稳定 wěndìng	131
汶川 Wènchuān	58
无比 wúbǐ	76, 164, 165
无可奈何 wúkěnàihé	65
无愧 wúkuì	173
无外乎 wúwàihū	142
无忧无虑 wúyōu-wúlǜ	96, 98, 160
五个一工程 wǔ gè yī gōngchéng	178
五谷杂粮 wǔgǔ záliáng	5, 14
五味俱全 wǔwèi jùquán	6

부록 3

단어 찾아보기

X

淅淅沥沥 xīxī lìlì	76
稀奇 xīqí	106
熙熙攘攘 xīxī-rǎngrǎng	77
嬉戏 xīxì	106
喜结连理 xǐ jié liánlǐ	132
细嚼慢咽 xìjiáo-mànyàn	6
下饭 xiàfàn	4, 14
下饭菜 xiàfàn cài	4, 23
下功夫 xià gōngfu	8
下酒菜 xiàjiǔ cài	4, 23
咸菜 xiáncài	16
险峻 xiǎnjùn	81
陷入 xiànrù	65, 113
相敬如宾 xiāngjìng-rúbīn	131, 140
相濡以沫 xiāngrú-yǐmò	132, 140
享福 xiǎngfú	148, 158
象征 xiàngzhēng	75, 88
小姐姐 xiǎojiějie	81
孝顺 xiàoshùn	98, 148
挟带 xiédài	173
心切 xīnqiè	150
信念 xìnniàn	165, 176
形影不离 xíngyǐn-bùlí	39
兴起 xīngqǐ	142
熊掌 xióngzhǎng	171
袖手旁观 xiùshǒu-pángguān	94
虚幻 xūhuàn	166, 167
虚荣心 xūróngxīn	148, 149, 158
虚伪 xūwěi	111, 122
虚无缥缈 xūwú-piāomiǎo	176
喧嚣 xuānxiāo	78
雪上加霜 xuěshàng-jiāshuāng	104

Y

雅鲁藏布江 Yǎlǔzàngbù Jiāng	78
炎热 yánrè	58
筵席 yánxí	28
眼神 yǎnshén	77, 119
眼下 yǎnxià	39
演讲比赛 yǎnjiǎng bǐsài	168
窑洞 yáodòng	83
遥遥无期 yáoyáo-wúqī	42
要数 yàoshǔ	5
也就是说 yějiùshìshuō	152
夜猫子 yèmāozi	52
一步 yī bù	149, 167
一朝一夕 yīzhāo-yīxī	41
一股 yīgǔ	142
一见钟情 yījiàn-zhōngqíng	131
一年一度 yī nián yī dù	59
一贫如洗 yīpín-rúxǐ	95, 104
一丝不苟 yīsī-bùgǒu	113, 114, 122
一望无际 yīwàng-wújì	83
一向 yīxiàng	114
依旧 yījiù	137
遗憾 yíhàn	80, 137, 155, 166, 176
以茶代酒 yǐ chá dài jiǔ	22, 34
以点代面 yǐ diǎn dài miàn	22
以刚克刚 yǐ gāng kè gāng	119
引发 yǐnfā	83
引起 yǐnqǐ	58, 130
隐形 yǐnxíng	137
营养 yíngyǎng	3
营造 yíngzào	34
影踪 yǐngzōng	101
应酬 yìngchou	22, 34, 41
应有尽有 yīngyǒu-jìnyǒu	16
拥有 yōngyǒu	165, 173
永恒 yǒnghéng	40, 45, 76
勇往直前 yǒngwǎng-zhíqián	83, 167, 173
用心 yòngxīn	99
忧虑 yōulǜ	11, 96
悠久 yōujiǔ	75, 76
有朝一日 yǒuzhāo-yīrì	167
有的是 yǒudeshì	29
有期徒刑 yǒuqī túxíng	152

有为 yǒuwéi	166
幼教 yòujiào	149, 160
欲擒故纵 yùqín-gùzòng	131, 140
渊博 yuānbó	111
约克大学 Yuēkè dàxué	178
允许 yǔnxǔ	149

Z

早餐摊儿 zǎocān tānr	16
造就 zàojiù	124
增进 zēngjìn	147
眨眼间 zhǎyǎn jiān	39, 45, 50
诈骗 zhàpiàn	152
展示 zhǎnshì	168
掌握 zhǎngwò	117, 131
招 zhāo	140
招牌 zhāopai	4, 14
真诚 zhēnchéng	111, 124
震中 zhènzhōng	58
争分夺秒 zhēngfēn-duómiǎo	41
证据 zhèngjù	117, 131
挣扎 zhēngzhá	29
之所以 A, 是因为 B	113
枝繁叶茂 zhīfán-yèmào	42
知足常乐 zhīzú cháng lè	158
直到 zhídào	34, 155, 178
治理 zhìlǐ	58, 96
致力 zhìlì	178
皱纹 zhòuwén	47
主食 zhǔshí	3
主席 zhǔxí	178
主治医生 zhǔzhì yīshēng	94
庄稼 zhuāngjia	77, 93
装作 zhuāngzuò	155
壮观 zhuàngguān	76, 78, 81
追求 zhuīqiú	23, 40, 149, 167, 178
追问 zhuīwèn	178
自暴自弃 zìbào-zìqì	114, 122
自不量力 zìbù-liànglì	10
自食其力 zìshíqílì	153
自以为是 zìyǐwéishì	114
自在 zìzài	158
阻挡 zǔdǎng	119
祖祖辈辈 zǔzǔ-bèibèi	83
最美奋斗者 zuì měi fèndòu zhě	178
醉醺醺 zuìxūnxūn	21, 22, 32
做媒 zuòméi	129

부록 4
속담 모아보기

第一课 **民以食为天** 1
    1. 哑巴吃黄连，有苦说不出 8
    2. 酒香不怕巷子深 8
    3. 饱汉子不知饿汉子饥 9
    4. 人是铁，饭是钢，一顿不吃饿得慌 9
    5. 癞蛤蟆想吃天鹅肉 10

第二课 **酒逢知己千杯少** 19
    1. 感情深，一口闷；感情浅，舔一舔 26
    2. 酒不可过量，话不可过头 26
    3. 酒逢知己千杯少，话不投机半句多 27
    4. 酒不醉人人自醉 27
    5. 天下没有不散的筵席 28

第三课 **时间都去哪儿了** 37
    1. 一年之计在于春，一日之计在于晨 44
    2. 三天打鱼，两天晒网 44
    3. 一寸光阴一寸金，寸金难买寸光阴 45
    4. 花有重开日，人无再少年 45
    5. 路遥知马力，日久见人心 46

第四课 **春眠不觉晓** 55
    1. 树欲静而风不止，子欲养而亲不待 62
    2. 万事俱备，只欠东风 62
    3. 冰冻三尺，非一日之寒 63
    4. 无风不起浪 63
    5. 天有不测风云，人有旦夕祸福 64

第五课 **桂林山水甲天下** 73
    1. 上有天堂，下有苏杭 80
    2. 桂林山水甲天下，阳朔山水甲桂林 80
    3. 五岳归来不看山，黄山归来不看岳 81
    4. 蜀道难，难于上青天 81
    5. 不到长城非好汉 82

第六课　**清官难断家务事** ... 91
  1. 清官难断家务事 ... 98
  2. 不当家不知柴米贵；不生子不知父母恩 ... 98
  3. 不听老人言，吃亏在眼前 ... 99
  4. 世上无难事，只怕有心人 ... 99
  5. 远亲不如近邻 ... 100

第七课　**君子一言驷马难追** ... 109
  1. 君子一言，驷马难追 ... 116
  2. 宰相肚里能撑船 ... 116
  3. 不分青红皂白 ... 117
  4. 不见棺材不落泪 ... 117
  5. 得理不饶人 ... 118

第八课　**一日夫妻百日恩** ... 127
  1. 家家有本难念的经 ... 134
  2. 一日夫妻百日恩 ... 134
  3. 小别胜新婚 ... 135
  4. 生死契阔，与子成说。执子之手，与子偕老 ... 135
  5. 男怕入错行，女怕嫁错郎 ... 136

第九课　**儿行千里母担忧** ... 145
  1. 儿行千里母担忧，母行千里儿不愁 ... 152
  2. 上梁不正下梁歪 ... 152
  3. 恨铁不成钢 ... 153
  4. 可怜天下父母心 ... 153
  5. 子不嫌母丑，狗不厌家贫 ... 154

第十课　**不经历风雨，怎能见彩虹** ... 163
  1. 老骥伏枥，志在千里；烈士暮年，壮心不已 ... 170
  2. 不忘初心，方得始终 ... 170
  3. 不经历风雨，怎能见彩虹 ... 171
  4. 鱼和熊掌不可兼得 ... 171
  5. 梦想还是要有的，万一实现了呢 ... 172

作者介绍

周岩，管理学博士

韩国江原大学孔子学院海外志愿者教师
获得《国际汉语教师证书》

黄秀坤，文学博士

中国北华大学教授
韩国江原大学孔子学院中方院长
韩国大田保健大学交换教授
主要著作：《基于汉语作为第二语言教学的留学生语篇建构能力研究》，公开发表汉语国际教育方面的论文20余篇

중·고급
汉语自由会话 (中高级)

초판 1쇄 발행 2021년 4월 2일

지은이 周岩 黃秀坤
편역 이동희 한상만 전민지
펴낸이 장현수
펴낸곳 메이킹북스
출판등록 제 2019-000010호

디자인 장지혜
편집 장지혜 장지연
교정 강인영
마케팅 오현경

주소 서울특별시 금천구 가산디지털1로 142, 312호
전화 02-2135-5086
팩스 02-2135-5087
이메일 making_books@naver.com
홈페이지 www.makingbooks.co.kr

ISBN 979-11-91472-25-7(13720)
값 18,000원

ⓒ 周岩 黃秀坤 2021 Printed in Korea

잘못된 책은 구입하신 곳에서 바꾸어 드립니다.
이 책의 전부 또는 일부 내용을 재사용하려면 사전에 저작권자와 펴낸곳의 동의를 받아야 합니다.

홈페이지 바로가기

메이킹북스는 저자님의 소중한 투고 원고를 기다립니다.
출간에 대한 관심이 있으신 분은 making_books@naver.com로 보내 주세요.